에듀윌과 함께하면 꿈은 현실이 됩니다

KB079130

에듀윌

합격자 모임 실제 현장 (서울 강남 코엑스)

6년간 아무도 깨지 못한 기록

합격자 수 1위 에듀윌

KRI 한국기록원 2016, 2017, 2019년 공인중개사 최다 합격자 배출 공식 인증 (2022년 현재까지 업계 최고 기록)

에듀윌을 선택한 이유는 분명합니다

4년 연속 취업 교육
1위

합격자 수 수직 증가
2,557%

취업 교재 누적 판매량
180만부

베스트셀러 1위 달성
1,824회

에듀윌 취업을 선택하면
합격은 현실이 됩니다.

• 2022, 2021 대한민국 브랜드만족도 취업 교육 1위 (한경비즈니스)/2020, 2019 한국브랜드만족지수 취업 교육 1위 (주간동아, G밸리뉴스)
• 에듀윌 취업 수강생 공기업/대기업 서류, 필기, 면접 전형별 합격자 인증 건수 (총집계/총합계) 2015~2019년도/2020년도
• 에듀윌 취업 교재 누적 판매량 합산 기준 (2012.05.14~2021.10.31)
• 온라인4대 서점(YES24, 교보문고, 알라딘, 인터파크) 일간/주간/월간 13개 베스트셀러 합산 기준 (2016.01.01~2021.11.03, 공기업 NCS/직무적성/일반상식/시사상식 교재)

누적 판매량 180만 부 돌파*
베스트셀러 1위 1,824회 달성*

공기업, 대기업, 취업상식
수많은 취준생이 선택한 합격 교재

공사 공단 NCS 베스트셀러 1위

삼성 GSAT 베스트셀러 1위

취업상식 89개월 베스트셀러 1위

더 많은
에듀윌 취업 교재

모바일 OMR
자동채점&성적분석 무료

정답만 입력하면 채점에서 성적분석까지 한번에!

활용 GUIDE

실시간 성적분석 방법!

STEP 1
QR 코드 스캔

▶

STEP 2
모바일 OMR 입력

▶

STEP 3
자동채점 & 성적분석표 확인

STEP 1

교재 내 QR 코드 스캔

- 교재 내 QR 코드를 모바일로 스캔 후 에듀윌 회원 로그인
- QR 코드 하단의 바로가기 주소로도 접속 가능

STEP 2

모바일 OMR 입력

- 회차 확인 후 '응시하기' 클릭
- 모바일 OMR에 답안 입력
- 문제풀이 시간까지 측정 가능

STEP 3

자동채점 & 성적분석표 확인

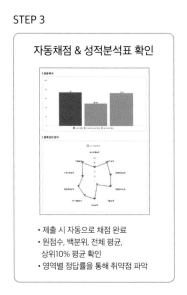

- 제출 시 자동으로 채점 완료
- 원점수, 백분위, 전체 평균, 상위10% 평균 확인
- 영역별 정답률을 통해 취약점 파악

응시내역 통합조회

에듀윌 문풀훈련소 또는 puri.eduwill.net

공기업·대기업 취업 클릭 → 상단 '교재풀이' 클릭 → 메뉴에서 응시내역 확인

※ '모바일 OMR 자동채점&성적분석' 서비스는 교재마다 제공 여부가 다를 수 있으니, 교재 뒷면 구매자 특별혜택을 확인해 주시기 바랍니다.

매달 만나는 최신 취업 트렌드

에듀윌 공기업
월간
NCS

녹음이 짙어지고
매미도 한여름을 준비하는 6월입니다.

혹시 비가 오는 날에
매미 우는 소리를 들어보셨나요?
폭우가 쏟아질 때는 매미도 울음을 멈추게 됩니다.
왜 그런 걸까요?

매미는 일정한 체온에 도달해야 소리를 낼 수 있는데,
몸이 따뜻할수록 큰 소리를 멀리까지
보낼 수 있다고 합니다.

한해의 반환점을 돌아가는 이때,
아직 시작하지 못한 일이 있다면
차근차근히 온도를 높여
여러분만의 아름다운 소리를
펼치어 내시길 응원하겠습니다.

CONTENTS

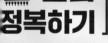

통권 제18호 2022. 06

펴낸곳 (주)에듀윌 **펴낸이** 권대호 **출판총괄** 김형석

개발책임 김기임, 윤은영 **개발** 심재은, 박예슬 **디자인 책임** 김소진 **디자인** 장미례, 유은비

주소 서울시 구로구 디지털로34길 55 코오롱싸이언스밸리 2차 3층

대표번호 1600-6700 **등록번호** 제25100-2002-000052호

이/시/한/의
취준진담

취업을 **준**비하는 사람들을 위한 **진**솔하고 **담**백한 이야기

글쓴이 | 이시한(성신여대 겸임교수)

재택근무의 운명은
어떻게 될 것인가?

코로나19로 인한 사회적 거리두기가 전면 해제되고, 다시 일상으로 돌아가고 있다.
그 가운데 직장인들에게 가장 이슈가 된 것은 재택근무의 종료였다. 사실 중·소기
업은 시스템부터 시작해서 여러 가지 문제로 재택근무가 원활하지 않았지만, 대기
업을 비롯한 IT기업들은 재택근무가 어느 정도 틀을 잡고 돌아가기 시작하던 참이었
다. 그런데 재택근무가 사라진다니, 몇몇 직장인들 사이에서는 회사를 그만두겠다
는 얘기도 들린다.

어떤 회사는 재택근무의 틀을 유지한다고 밝혔다. 재택근무와 출근을 병행하겠다는
회사도 있고 주 4일로 근무하겠다는 회사도 있다. 물론 다수의 회사들이 '닥치고 출
근'을 권한다. 하지만 근로자들의 입장도 회사와 마찬가지일까? 앞으로 재택근무의
운명은 어떻게 되는 것일까?

코로나19 시국, 재택근무의 변화

재택근무 실시 초창기의 부작용

기업들이 재택근무를 실시하기 시작한 때는 코로나19가 본격적으로 확산되기 시작한 약 2년 전부터이다. 재택근무 초창기에는 부작용이 많이 발생했다. 직원이나 회사 모두 준비가 안 된 상태에서 어쩔 수 없이 시작한 재택근무인 만큼 다들 우왕좌왕한 면이 크다. 주로 근태 위주로 직원들을 관리했던 회사 입장에서는 당장 직원들의 출퇴근 시간을 알 수 없었고, 업무 태도를 볼 수 없으니 직원관리가 안 된다고 생각할 수밖에 없는 상황이었다. 그러다 보니 근태 관리를 위해서 1시간마다 팀장에게 자신이 한 업무를 메신저로 보고하라는 회사도 있을 정도였다. 그래서 그 회사 직원들은 매시간마다 30분 정도는 1시간 동안 어떤 일을 했다고 써야 하나 고민하는 데 쓴다고 하는 웃지 못할 우스갯소리도 있었다.

점차 완성된 재택근무의 기틀

코로나19가 잠시 잠잠해지는 틈을 타서 재택근무를 종료하고 다시 직장으로 출근을 하게 되자, 직장인들이나 회사 경영진들이나 이제 좀 살 만하다고 좋아했던 시기도 있었다. 하지만 코로나19가 다시 확산되자 기업들은 또 다시 재택근무에 들어가야 했는데, 두 번째 재택근무 확산 시기에는 이전보다 좀 더 준비가 된 모습이었다. 일단 협업 툴 자체가 카카오톡 같은 메신저가 아니라, 구글의 팀즈나 게더타운 같은 메타버스 툴로 바뀐 곳이 많았다. 그리고 근태 관리가 아닌 성과 관리 시스템이 조금씩 도입되기 시작했다. 사실 성과 관리의 핵심은 성과 측정인데, 이전의 재택근무 경험을 통해서 각 업무마다 어떻게 성과를 측정해야 할지 경험이 축적된 덕분이었다.

이에 따라 두 번째 전면 재택근무를 할 때는 재택근무의 틀이 어느 정도 자리 잡혀서 돌아가기 시작했다. 그래서 지금은 재택근무로 인해 오히려 높은 성과를 내는 직군도 있을 정도가 되었다. 무엇보다 재택근무하면 마치 노는 것 같은 기분에 낯설어 하던 직원들도 이제는 적응을 마친 상태가 되었다. 그런데 다시 본격적으로 출·퇴근을 해야 되는 시기가 온 것이다.

재택근무에 대한 설문조사

재택근무에 대한 높은 선호도

재택근무에 대한 직원들의 선호도는 굉장히 높다. 경기연구원은 경기도 지역의 근로자와 인사담당자를 대상으로 설문조사하여 「일하는 방식의 새로운 표준으로 정착 중인 재택근무」라는 보고서를 발표했다. 이 보고서에 따르면 근로자 입장에서는 재택근무 가능 기업의 선호도가 '매우 선호함'이 47.7%, 그리고 '약간 선호함'이 37.7%로, 선호한다는 응답을 합하면 85.4%를 차지한다.

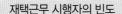

재택근무 가능 일자리에 대한 노동자의 선호

(단위: %)

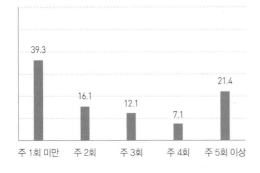

재택근무 시행자의 빈도

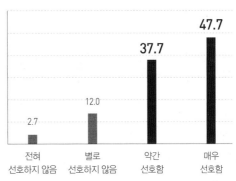

재택근무 가능 기업 선호도

자료: 경기 연구원(2022)

무엇보다 현재 재택근무를 하고 있는 근로자들의 87.5%가 재택근무에 만족한다고 밝히고 있다. 가장 큰 이유는 출·퇴근 부담 경감이다. 그리고 기업 역시 재택근무에 만족한다는 응답이 79.4%였다. 기업이 재택근무에 만족하는 주된 이유는 직원의 업무 만족도 증가 때문이다. 그러니까 직원이 재택근무에 너무나 만족한 결과, 생산성부터 회사 충성도까지 향상되어 결국 기업도 만족한다는 얘기이다.

근사한 신사옥보다 더 좋은 내 집

네이버는 최근에 로봇과 AI가 최적화돼서 어우러진 '1784'라는 이름의 근사한 제2사옥을 완성했는데, 정작 직원들은 근무 장소로 이런 신사옥보다 자신의 집을 더 선호하는 것으로 나타났다. 네이버가 본사 직원 4,795명을 대상으로 코로나19 근무제도 선호도를 설문한 결과, '주 5일 사무실 출근'을 선호하는 사람이 2.1%에 불과했기 때문이다. 주 5일 재택근무를 원하는 직원이 41.7%였고, 필요에 따라 일주일에 1~2일 정도만 사무실에 나오는 혼합식 근무를 선호하는 직원은 52.2%였다. 그래서 네이버는 신사옥을 완공했는데도 불구하고 일단 6월까지는 재택근무를 유지하겠다고 밝혔다.

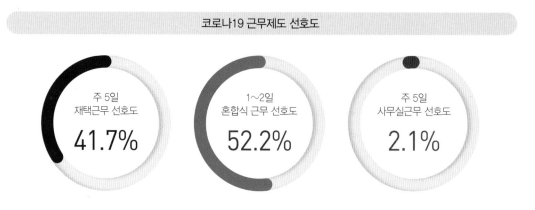

협업 툴 발달로 인한 업무효율성 향상

재택근무가 환영받기 시작한 것은 협업 툴들이 발달하고, 기존의 시스템들이 재택근무에 맞게 최적화되어서 재택근무를 해도 성과나 생산성에 차이가 없게 되었기 때문이다. 네이버는 일단 6월까지 재택근무를 연장한 이유에 대해 "직원 대상 조사를 통해 재택근무가 생산성과 업무 협업 측면에서 문제가 없다는 생각이 들어서"라고 밝히기도 했다.

구글이나 메타, 마이크로소프트가 메타버스에 대한 비전을 밝히면서 우선적으로 개발하고 있는 것이 바로 협업 툴이다. 원격근무가 원활하게 이루어질 수 있도록 소통성과 사용성을 강화한 협업 툴의 발달은 성과 면에서 기존의 생산성을 향상시킬 가능성이 많다. 협업 툴들은 다른 여러 스마트 툴들과 바로바로 연결되고 기록되어 효과적인 업무가 가능하다. 그리고 협업 툴들의 메신저 기능은 실시간으로 번역을 지원해주기도 한다. 여러모로 업무를 수행할 때 효율성을 증가시킨다.

다양한 메타버스 플랫폼

몇몇 기업들은 아예 메타버스와 연관해서 상시적인 재택근무 툴을 도입하기도 했다. 식품 업계에서 대기업이라고 할 수 있는 아워홈은 최근 프롭테크 기업인 직방이 구축한 메타버스 사무실 '메타폴리스'에 입주하는 계약을 체결했다. 그리고 롯데 같은 대기업들은 자체적인 메타버스 플랫폼을 개발하고 있다.

그리고 메타의 호라이즌 같은 메타버스 플랫폼은 북미지역에서 서비스를 시작했다. 한국에는 더마르스 같은 메타버스 플랫폼이 2023년에 론칭될 예정이다. 이런 플랫폼들은 메타버스 안에서의 자유도가 높으므로 중·소기업의 경우 따로 업무 툴을 구축하지 않더라도 이런 프리 스타일의 플랫폼들을 재택근무의 도구로 활용할 수도 있을 것이다. 기업의 개별적인 메신저를 구동하는 기업도 있지만 카카오톡을 업무에 이용하는 중·소기업도 있듯이 말이다. 여러모로 재택근무에 이용할 수 있는 툴들은 계속 발전되어 소개되고 있다.

재택근무는 당위 차원이 아니라 실제 차원에서 이루어질 것이다

거스를 수 없는 대세, 재택근무

그럼에도 불구하고 아직도 기업들은 출·퇴근을 더 선호한다. 아무래도 눈앞에서 직원들이 움직이는 것을 봐야 회사가 돌아간다고 생각하는 세대들이 여전히 관리자로 있어서 그런 것 같다. 하지만 그분들의 의지와는 상관없이 전체적인 흐름은 재택근무로 가게 될 것이다. 직장인들이 재택근무를 선호하면서, 개발이나 IT 관련 직무처럼 인력 우위 시장에서 재택근무 조건은 인재를 확보하는 중요한 요소가 되고 있다. 대부분의 MZ세대들은 연봉이 비슷하면, 아니 연봉이 조금 적더라도 재택근무를 하면 출퇴근 시간을 절약해서 하루에 2시간 이상을 더 활용할 수 있으니 그게 더 낫다고 생각하기 때문이다. 그러니 인력 우위 시장에서 기업들은 어쩔 수 없이 재택근무를 선택하게 될 것이다.

재택근무의 장점

출판사 북로망스는 코로나19 시국에 창립되었다. 10여 명 정도의 직원이 있지만 사무실이 있었던 적은 단 한 번도 없다. 메타버스에서 근무하기 때문이다. 그 결과 고정비가 안 들어서 좋은 것은 물론이고 스타 편집자들을 고용하기에 손쉬워서 인재 확보에 매우 유리했다고 한다. 코로나19 시국에 출산과 육아 때문에 출판사가 몰려 있는 파주까지 출퇴근하기 힘들어하는 편집자들이 많았기 때문이다.

다양한 근무 형태

과거에 주 6일 근무제에서 주 5일 근무제로 바뀔 때에도 모든 기업이 한꺼번에 주 5일제를 도입한 게 아니었다. 몇몇 기업들이 주 5일제를 시도했고, 인재들이 자꾸 주 5일제 기업으로 몰리다 보니, 기업 입장에서는 주 5일제라는 대세를 따르지 않으면 안 되었던 것이다. 최근 인크루트에서 실시한 설문 조사에 따르면 향후 입사 또는 이직을 준비할 경우, 재택근무 시행 여부가 입사 조건에 '영향을 미친다'고 답한 사람이 62%였다고 한다. '전혀 영향이 없다'는 답변은 10%에 불과했다. 그러니 시간이 갈수록 재택근무를 시행하는 기업들은 늘어날 전망이다.

최근 스타트업들은 인재 확보 차원에서 재택근무를 많이 하고 있다. 기존에 이미 탄탄하게 자리 잡은 기업들도 재택근무를 준비하는 곳이 있다. NHN 같은 경우는 월 2회, 주 8시간의 사무실 근무를 하면 그 외의 시간은 전면 재택근무를 하는 방식을 기본 근무 형식으로 채택한다고 한다. SK 텔레콤은 최소 2주에 80시간 또는 4주에 160시간 이상 근무하기만 하면 일하는 시간과 장소는 개인이 자유롭게 선택할 수 있는 '워크 프롬 애니웨어'를 본격적으로 실시한다고 한다. 삼성전자 역시 수도권 곳곳에 거점 오피스를 마련해서 꼭 사무실로 출근하지 않더라도 업무를 할 수 있게 하겠다고 한다. 재택근무는 아니지만 배달의 민족이나 에듀윌처럼 주 4일 근무제를 기본으로 하는 기업도 있다.

기업별 재택근무 현황

기업명	근무방식
NHN	월 2회, 주 8시간의 사무실 근무 시 그 외의 시간은 전면 재택근무
SK 텔레콤	최소 2주에 80시간/4주에 160시간 이상 근무 시 이 외의 시간은 자유롭게 근무하는 '워크 프롬 애니웨어'
SAMSUNG	수도권 곳곳에 거점 오피스를 설치하여 자유롭게 근무
배달의민족	주 4일 근무제
eduwill	주 4일 근무제

이미 결정된 것이나 다름없는 재택근무

인재들은 재택근무나 하이브리드 형태의 근무를 보장하는 기업을 선호할 것이다. 그래서 결국 기업은 인재 유치 차원에서 협업 툴을 잘 활용하고, 무엇보다 기업의 체질을 근태 관리가 아닌 성과 관리로 바꾸면서 인재들을 유치하려고 할 수밖에 없다. 재택근무는 기업이 '하고 싶다', '하기 싫다'를 선택하기 이전에 이미 결정되어 있는 미래나 마찬가지이다. 다만 그 도입 시기가 언제인가가 문제일 뿐이다.

NCS 수리능력
응용수리
&
자료해석
기본기 다지기

글쓴이 | 박지웅(에듀엔 대표)

본격적인 채용시즌이 시작되면서 많은 취준생이 막연하게 시작하는 것이 NCS직업기초능력평가 공부이다. 타고난 재능이 있는 취준생들은 필기시험 일주일 전에 시중 교재 두 권 정도를 풀었더니 합격했다는 등의 소문이 돌긴 하지만 평범한 취준생에게는 "예습과 복습을 철저히 하고 교과서 위주로 공부했어요"만큼의 공허한 이야기일 뿐이다. 게다가 요즘엔 실력이 상향평준화되면서 공기업 NCS직업기초능력평가와 대기업 인적성검사의 난도가 올라간 상태이다.

NCS를 처음 시작하려는 취준생에게 조언하자면, NCS 실력 향상에 대단한 방법론이 있는 것은 아니라고 말하고 싶다. 다만, 대기업 인적성 및 다양한 공기업의 NCS 강의를 하는 사람의 입장에서 느낀 점은 결국 '기초가 중요하다'였다. 인강도 들어봤고 책도 많이 사서 풀어봤는데도 점수는 오를 기미가 보이지 않는다면 기본부터 한번 체크해 볼 필요가 있을 것이다.

NCS직업기초능력평가 필기점수를 단기간에 올릴 수 있는 것은 실전 감각뿐이다. 현실적으로 생각하자. 단기간에 독해력이 오를 수 있을까? 단기간에 수리 실력이 오를 수 있을까? 어느 정도는 가능할지도 모르지만 눈에 띌 만큼 성장하기는 어렵다. 그렇다고 방법이 없는 것은 아니다. 실력이 부족해도, 실전 스킬로 문제를 풀어내는 방법을 익히면 이를 어느 정도 해결할 수 있다.

문제를 제대로 풀고 싶다면 최소한의 기본기는 익혀 놓아야 한다. 수리 문제를 풀려면 최소한 수학공식은 알아야 한다. 오류의 종류를 판별하려면 최소한 오류의 종류는 알고 있어야 한다. 최소한 알고 시작해야 할 것들을 다음에 정리해 보고자 한다.

1 | 응용수리

기본 공식은 암기할 필요가 있다.

유형별로 기본 공식을 암기하고 실제 문제에 적용해 보는 연습까지 해야 한다. 공식을 적용하는 과정이 쉽지 않기 때문이다. 응용수리 유형은 단기간에 실력을 끌어 올릴 수 있는 유형이다. 이미 중학교 시절에 이와 비슷한 문제를 풀어 본 경험이 있기 때문이다.

대표유형 ❶ - 거리

일정한 속도로 터널을 통과하는 기차 문제
통과할 때의 길이는 (터널의 길이) + (기차의 길이)임에 주의한다.

- 거리 = 속력 × 시간

- 시간 = $\dfrac{거리}{속력}$

- 속력 = $\dfrac{거리}{시간}$

⏱ **시간절약 TIP**

속력, 거리, 시간을 구하는 식은 한 개의 공식에서 유도되었으므로, 공식을 활용하여 계산하는 연습을 해야 한다. 그리고 속력, 거리, 시간을 나타내는 단위가 다양하기 때문에 단위의 관계와 의미를 혼동하지 않도록 해야 한다.

대표유형 ❷ - 농도

용액 100g 속에 녹아 있는 용질의 양을 나타낸 것을 '농도'라고 한다. 농도를 구하는 문제는 계산이 복잡하기 때문에 빠른 계산력이 필요하다. 따라서 공식을 암기하고 문제에 적용하여 계산하는 연습을 반복해야 한다.

$$\cdot \ 농도(\%) = \frac{용질의\ 양}{용액의\ 양} \times 100$$

$$\cdot \ 농도(\%) = \frac{용질의\ 양}{용매의\ 양 + 용질의\ 양} \times 100$$

$$\cdot \ 용질의\ 양(g) = 용액의\ 양 \times \frac{농도}{100}$$

＊용질: 예 소금, 설탕 등
＊용매: 예 물 등
＊용액(=용질+용매): 예 소금물, 설탕물 등

⏱ 시간절약 TIP

1. 농도에 관한 공식을 암기하고 문제에 적용하는 연습을 통해서 계산 속도를 높인다.
2. 용질의 양을 먼저 구한 후 계산하면 계산 과정이 쉬운 경우가 많다.
3. 비례배분을 이용하면 간단히 풀 수 있다.

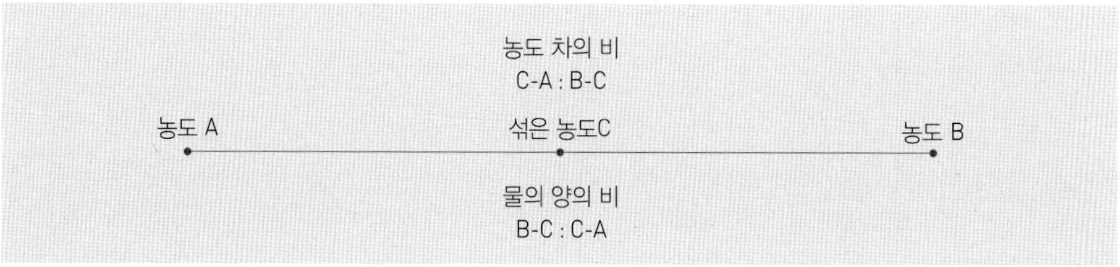

농도 차의 비
C-A : B-C

농도 A   섞은 농도C   농도 B

물의 양의 비
B-C : C-A

농도 A%와 섞은 농도 C%의 차이는 (C-A)%p, 농도 B%와 섞은 농도 C%의 차이는 (B-C)%p이다. 위의 그림에서 나타나 있듯이 농도 간의 차이의 비율이 (C-A):(B-C)라면 농도가 A%인 물의 양과 농도가 B%인 물의 양의 비율은 (B-C):(C-A) 관계가 되는 것을 이용하여 간단히 푸는 방법이 비례배분이다.

대표유형 ❸ - 일률

일의 효율을 나타내는 양을 일률이라고 하며, 단위 시간 동안 한 일의 양으로 나타낸다. 일률은 한 일의 양에 비례하고 걸린 시간에 반비례하므로 문제를 풀 때에는 이에 유의하여 접근해야 한다.

- 일의 양을 1로 놓고 방정식을 세운다.
- 일을 완성하는 데 a일이 걸렸다.
  → 일의 양을 1로 놓으면 하루에 할 수 있는 일의 양은 $\dfrac{1}{a}$이다.

＊**약분**: 분수에서 분자와 분모의 최대공약수로 각각 나누어 간단한 수로 만드는 방법

　(예) $\dfrac{24}{72} = \dfrac{24 \div 24}{72 \div 24} = \dfrac{1}{3}$ (24와 72의 최대공약수인 24로 분자와 분모를 나눈다.)

＊**통분**: 두 분수의 분모를 두 수의 최소공배수로 만드는 방법

　(예) $\dfrac{2}{15}, \dfrac{4}{25} \rightarrow \dfrac{2}{15} = \dfrac{2 \times 5}{15 \times 5} = \dfrac{10}{75}, \dfrac{4}{25} = \dfrac{4 \times 3}{25 \times 3} = \dfrac{12}{75} \rightarrow \dfrac{10}{75}, \dfrac{12}{75}$

⏱ **시간절약 TIP**

한 일을 구하는 문제는 주로 분수의 계산을 활용하여 푸는 경우가 많다. 분수의 계산은 약분이나 통분을 활용하여 계산이 이루어지므로 약분과 통분하는 연습을 충분히 하면 문제를 푸는 데 유리하다.

대표유형 ❹ - 할인가/정가

* **할인가**: 정가에서 $x\%$ 할인한 가격 = 정가 × $\left(1 - \dfrac{x}{100}\right)$

  예 정가에서 30%를 할인한 가격 = 정가 × (1 - 0.3) = 정가 × 0.7

* **정가**: 원가에서 $y\%$ 이윤을 적용한 가격 = 원가 × $\left(1 + \dfrac{y}{100}\right)$

  예 20% 이윤을 적용한 가격 = 원가 × (1 + 0.2) = 원가 × 1.2

🕐 **시간절약 TIP**

공식을 이해하고 암기하여 문제에 적용하는 방법을 연습해야 한다. 계산 연습을 반복적으로 하여 실제 시험에서 잘 풀 수 있도록 한다.

대표유형 ❺ - 방정식

방정식 문제는 중학교 수학 과정의 일차방정식과 연립방정식 문제들이 출제된다. 문제를 풀기 위해서 미지수 x를 이용하여 식을 세운 다음 식을 풀어서 미지수 x를 구하고, 구한 x를 이용하여 답을 찾는다.

⏱ 시간절약 TIP

1. 방정식에서 계수가 소수나 분수일 때 양변에 적당한 수를 곱하여 정수 형태로 만들고 계산하면 편하다.
2. 가정법 활용하기

> 예 오리와 돼지가 총 18마리가 있다. 이 18마리의 다리 수는 모두 50개였다. 이때 오리의 수를 구하면?
> → 18마리가 모두 오리라면 다리는 총 36개였을 것이다. 그런데 총 50개의 다리가 있으므로 14개의 다리가 부족하다. 돼지의 다리는 오리보다 2개가 더 많기 때문에 14개를 채우려면 돼지 7마리가 필요하고 이때 오리의 수는 당연히 11마리가 된다.

대표유형 ❻ - 나이

구하려는 나이를 x로 놓고 식을 세운다. 두 개의 미지수를 놓고 연립방정식으로 푸는 것보다 문제에서 제시하는 사람의 나이를 x로 놓은 후 다른 사람을 x에 대한 식으로 놓고 푸는 것이 더 빠르다.

대표유형 ❼ - 비/비율

*x가 $a\%$ 증가하면→ $\left(1+\dfrac{a}{100}\right)x$

*x가 $a\%$ 감소하면→ $\left(1-\dfrac{a}{100}\right)x$

대표유형 ❽ - 경우의 수와 확률

＊(어떤 일이 항상 일어날 확률) = 1

＊(어떤 일이 항상 일어나지 않을 확률) = 0

＊0 ≤ (확률) ≤ 1

＊(어떤 일이 일어나지 않을 확률) = 1 − (어떤 일이 일어날 확률)

＊**합의 법칙**: 두 사건이 연속적으로 일어나지 않는 경우

　A가 일어나는 경우의 수를 m, B가 일어나는 경우의 수를 n이라고 하면 사건 A 또는 B가 일어나는 경우의 수는　$m+n$

　⑩ 주사위를 던져서 짝수 또는 5가 나오는 경우 → (짝수가 나오는 경우) + (5가 나오는 경우) = 3+1=4(가지)

＊**곱의 법칙**: 두 사건이 연속적으로 일어나는 경우

　A가 일어나는 경우의 수를 m, B가 일어나는 경우의 수를 n이라고 하면 사건 A와 B가 연속적으로 일어나는 경우의 수는　$m \times n$

　⑩ 한 개의 주사위와 동전을 던져서 짝수와 앞면이 나오는 경우

　　→ (짝수가 나오는 경우)×(앞면이 나오는 경우) = 3×1=3(가지)

＊**순열**: n명을 일렬로 세우는 경우의 수는 $n!$

　$n! = n \times (n-1) \times (n-2) \times \cdots \times 2 \times 1$

　⑩ 5명을 일렬로 세울 경우 → 5!=5×4×3×2×1=120(가지)

🕐 **시간절약 TIP**

• '또는', '～이거나'라는 말이 나오면 합의 법칙을 사용한다.

• '그리고', '동시에'라는 말이 나오면 곱의 법칙을 사용한다.

2 | 자료해석

01 오답 소거 스킬

선택지별로 정오를 가리기 위한 난도가 모두 다르므로 쉬운 선택지부터 골라 볼 수 있는 능력이 필요하다. 이제부터는 선택지 ①부터 ⑤까지 순서대로 보는 관성을 버리도록 한다. 특히 자료해석 문제를 풀 때는 가장 쉬운 선택지부터 틀린 내용이 있는지 확인하고, 하나씩 소거하면서 푸는 습관을 익히도록 한다.

02 양과 비율의 개념 구분

수치나 자료가 양을 의미하는 것인지, 비율을 의미하는 것인지 구별하지 못하면 엉뚱한 해석을 할 수밖에 없다. 따라서 문제를 볼 때, 단위에 주목하고 이것이 양에 대한 수치인지, 비율에 대한 수치인지 확인하는 습관을 기르도록 한다. 복잡한 계산이 요구되는 문제는 선택지 간의 수의 차이를 파악하고, 이에 맞도록 어림셈하는 연습을 한다. 굳이 정확하게 계산하지 않고 대략 계산해도 풀리는 경우가 의외로 많다. 그리고 계산의 순서를 바꾸거나 조금 변형하면 더 쉬운 계산으로 유도하여 풀이할 수도 있다.

03 자료의 계산

① 어림셈

(예) $248 \times 0.492 \times 10.2 = 1,244.5632 \rightarrow 250 \times 0.5 \times 10 = 1,250$

② 순서 바꾸기

(예) $125 \times 323 \times 12 = 40,375 \times 12 = 484,500$

$\rightarrow 125 \times 323 \times 12$

$= 125 \times 12 \times 323 (4 \times 3 = 12)$

$= 125 \times (4 \times 3) \times 323 (125 \times 4 = 500)$

$= 500 \times 969$

$= 500 \times 2 \times 969 \div 2 (500 \times 2 = 1,000)$

$= 969,000 \div 2 = 484,500$

③ 묶어서 곱하기

예 남녀 각각 2,000명 중 남자는 53.2%로 해외여행을 경험했고, 여자는 58.3%로 해외여행을 경험했을 때, 해외여행을 경험한 남자와 여자의 인원수 차이를 구하면?

남자의 수: $2,000 \times 0.532 = 1,064$(명)

여자의 수: $2,000 \times 0.583 = 1,166$(명)

차이: $1,166 - 1,064 = 102$(명)

→ 차이: $2,000 \times (0.583 - 0.532) = 2,000 \times 0.051 = 2 \times 1,000 \times 0.051 = 2 \times 51 = 102$(명)

04 정보의 추론 스킬

주어진 자료에서 명확히 드러난 사실로만 추론해야 한다. 선택지에서 직관적으로 고를 수 있는 것들을 먼저 판별한 후에 소거하면서 찾는다.

05 자료의 변환 스킬

주로 주어진 자료를 변환했을 때, 잘못된 것을 찾는 문제로 출제된다. 다소 복합적인 문제일 가능성이 높다. 변환된 자료와 기본 자료를 비교할 때는 부분적으로 나누어 봐야 한다. 전체를 파악하고 비교하려고 하면 시간이 효율적이지 않다. 따라서 부분적으로 나누어 비교하면서 틀린 부분을 찾아야 한다.

왜 우리 회사에 지원하셨습니까?

자 소 서 에 서   지 원   동 기   작 성 하 기

글쓴이 ㅣ 윤성훈(유어스잡 대표)

최근 기업별 서류전형의 자소서 문항을 살펴보면 첫 번째 질문으로 기업의 '지원동기'를 묻는 경우가 많아지고 있다.

과거 마지막 문항으로 등장하던 지원동기와 입사 후 포부가
채용프로세스에서 중요한 위치로 자리 잡고 있는 것이다.

기업이 지원자의 지원동기에서 확인하고자 하는 관점은 크게 세 가지로 정리할 수 있다.

1. 기관과 직무에 대한 이해
2. 관련 직무를 수행하기 위한 노력과 준비
3. 직무수행 시 활용계획

따라서 지원자는 자소서의 지원동기 문항에서 위의 세 가지에 대한 답변을 논리적으로 보여 줘야 한다.

심사위원이 선호하는 **지원동기**와 싫어하는 **지원동기**,
한국OO발전의 합격자소서는 무엇일까?

지원동기 I

공무원이셨던 아버지를 보고 자라 어릴 적부터 공익을 위해 일하며 살아야겠다고 생각하며 살았습니다. 그렇기 때문에 자연스레 사익보다는 공익을 위한 일에 더 많은 가치를 두게 되었습니다. 국민들에게 안정적인 전력공급을 위해 언제나 노력하는 한국OO발전은 어느 기업보다 공익을 위해서 힘쓰고 있는 것 같습니다. 저는 앞으로 세상이 화석연료의 고갈과 환경오염 등으로 인하여 신재생에너지의 중요성이 더욱 강조될 것이라고 생각합니다.

세계적 수준의 에너지 발전 회사로서 신재생에너지 개발로 저탄소 녹색성장을 이끌어가는 한국OO발전에서 저의 가치와 오랜 꿈을 이루고 싶습니다. 부산동해조선소에서 4주간의 안전인턴십을 수료하였습니다. 안전공학이라는 전공을 실제 산업현장에서 접목시켜 실무경험을 쌓을 수 있었고, 기계에 대한 이해도를 높이는데 도움이 되었습니다. 그동안의 준비를 바탕으로 한국OO발전과 함께 성장하는 직원이 되겠습니다.

지원동기 II

'K-장보고 시장개척단'에서 '재생에너지 3020'까지 OO발전이 꿈꾸는 상생 경영에 동행하고 싶습니다. 학창시절 만든 세 가지 준비를 바탕으로 발전기계 분야의 일원이 되어 기계설계부터 기계조달과 설비운영까지 산업의 기초를 튼튼히 하겠습니다.

[Ready 1. 기계를 알다.]
기계공학을 배우며 기계설계와 선행기술에 대한 학문적 깊이를 만들고, 인턴활동을 통해 IOS와 KS의 현장활용을 배우고 확인하였습니다.

[Ready 2. 기업을 경험하다.]
모 조선소의 인턴으로 재직하며 현장의 문제를 경험하였습니다. 생산자료 관리에서부터 완벽한 정비를 통한 품질향상을 이해하였습니다. 특히 산업안전을 주제로 PT를 만들어 기업의 방식으로 커뮤니케이션 하였습니다.

[Ready 3. 함께 성과를…]
여러 대외활동과 아르바이트에서 책임감과 적극성으로 팀원들에게 신뢰를 얻었습니다. 팀원들과 함께 문제를 해결하여 '스폰서 시스템'을 만든 '애드파워'는 저만의 자랑입니다.

'지원과 상생'이라는 OO발전의 비전을 함께하고 싶습니다. 기회를 주신다면 저의 준비를 바탕으로 함께 가치를 실천하겠습니다.

제시된 두 개의 지원동기는 같은 학생이 작성한 것이다. 그 학생은 마침내 꿈을 이뤄 공공기관의 직원이 되었다. 처음에 그 학생이 자소서 첨삭을 부탁하러 찾아 왔을 때에는 글의 상태가 심각하여 당혹스러움을 감출 수 없었다. 대부분의 취준생들이 가지게 되는 고민은 자신이 글이 잘못되었다는 것을 잘 알고 있음에도 어떻게 고쳐야 할지 힘들어한다는 것이다. 위의 학생도 글에 문제가 있지만 해결방법을 몰라 나를 찾아 왔고, 자소서 작성방법을 알고 난 후에는 놀라울 정도로 글이 바뀌어 있었다. 두 개의 자소서 중 합격자소서가 무엇인지 다들 눈치 챘을 것이다. 누가 봐도 두 번째 자소서가 지원자의 구체적인 경험을 바탕으로 유기적으로 구성되어 있다.

앞에서 언급한 '기업이 지원자의 지원동기에서 확인하고자 하는 세 가지 관점'에 따라 지원동기의 내용을 구조화하면 다음과 같다.

이 순서대로 지원동기의 내용을 구성한다면
좀 더 명확하게 기업에 지원한 이유를 설명하고
심사위원을 납득시킬 수 있을 것이다.

기업이 지원동기에서 확인하고자 하는 관점		구체적인 내용 구조화
기업과 직무를 선택한 이유 (기업과 직무에 대한 이해)	▶	기업분석을 바탕으로 한 구체적 명시
확보한 직무 역량 제시 (관련 직무를 수행하기 위한 노력과 준비)	▶	지식, 기술, 태도 기반의 경험 구조화
향후 업무 계획 (직무수행 시 활용계획)	▶	직무기술서 기반 업무수행계획

합격에 한걸음 더 가까워지는 지원동기

기업이 원하는 지원동기를 적기 위해서는 세 가지 관점에 대한 답을 내놓아야 한다. 취업준비생 입장에서는 순수한 마음으로 지원동기를 작성하다 보니 의도와는 다르게 감성적이고 단순하게 지원동기를 기술하는 경우가 많다. 서류심사위원의 입장에서 지원한 이유는 이 기업이 마음에 드는 이유와 같다. 따라서 단순히 '좋아 보여서'라는 이유를 들지 말고, 적극적인 기업분석을 통해 기업의 사업과 미래비전, 그리고 공공서비스에서 지원동기를 찾아야 한다.

예1 한국동서발전 비전체계

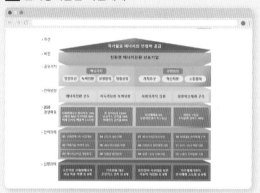

한국동서발전 홈페이지(https://ewp.co.kr)에서 회사소개 → 비전 → 비전체계를 확인하면 한국동서발전의 기업의 사업과 비전, 목표, 과제 등에 관한 전반적인 내용을 파악할 수 있으므로 이를 바탕으로 기업의 방향성에 적합한 지원동기를 작성하여야 한다.

예2 한국남부발전 비전체계

한국남부발전 홈페이지(https://www.kospo.co.kr)에서 회사소개 → 비전/전략을 확인하면 한국남부발전의 기업의 경영방침, 전략방향, 경영목표, 전략과제, 핵심가치 등에 관한 전반적인 내용을 파악할 수 있으므로 이를 바탕으로 기업의 방향성에 적합한 지원동기를 작성하여야 한다.

❚ 면접관의 시선

기업분석의 과정을 거치며 기업에 대한 이해도를 높이고, 구체적인 사업운영 방향성을 파악해 두면 서류전형 이후에 진행되는 면접전형에서도 수월하게 커뮤니케이션을 할 수 있어 합격 확률이 높아진다. 특히 지원한 기업의 최근 1년 이내에 진행된 활발한 사업이나 서비스를 중심으로 준비하여 해당 사업의 내용을 언급한다면 인사담당자나 서류심사위원이 원하는 지원동기가 갖춰지게 된다.

기업분석의 내용을 바탕으로 기본적인 지원동기가 정리된 후에는 지원한 기업에 들어오기 위해 준비한 나의 노력을 제시해야 한다. 단, 무질서하게 나열하는 것이 아니라 유기적으로 정리하여 소개해야 더욱 효과적이다. 이를 위해 기업의 직무기술서에서 구조화된 '지식', '기술', '태도'를 기반으로 나의 경험을 정리하고 자신이 기여할 수 있는 부분을 강조해야 한다.

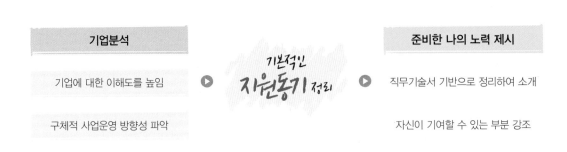

기업분석	기본적인 지원동기 정리	준비한 나의 노력 제시
기업에 대한 이해도를 높임	▶	직무기술서 기반으로 정리하여 소개
구체적 사업운영 방향성 파악	▶	자신이 기여할 수 있는 부분 강조

예1 한국동서발전 보도자료

예2 한국남부발전 보도자료

한국동서발전 홈페이지(https://ewp.co.kr)와 한국남부발전 홈페이지(https://www.kospo.co.kr)에서 공개하고 있는 보도자료를 통해 각 기업에서 최근 진행하고 있는 사업 및 서비스를 확인할 수 있으므로 이를 지원동기에 녹여 낼 수 있도록 활용하는 것이 좋다.

대학교에서 강의를 하다 만난 많은 학생들이 한 달 정도의 배낭여행을 다녀오기 위해서 두세 달 이상의 준비기간을 가지는 것을 보았다. 한 달의 여행을 위해서 두 배 이상의 시간을 준비하는데, 20년 이상 다닐 회사를 준비하는 과정이 철저하지 않아 보인다면 심사위원을 설득하기 어렵다.

지원동기의 마지막 부분에서는 글자 수가 허락한다는 전제 하에 직무기술서를 바탕으로 업무수행에 대한 구체적인 포부를 밝히는 것이 좋다.

보통 500~600자 정도의 제한된 공간에서 학창시절에 경험하고 준비한 것을 바탕으로 이를 회사에서 어떻게 활용할 것인지를 구체적으로 녹여 내는 과정이 쉽지는 않지만 자연스럽게 포부를 제시하며 글을 마무리해야 한다.

예 한국남부발전 직무기술서

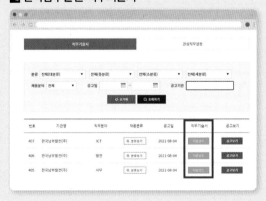

홈페이지(https://www.ncs.go.kr)에서 블라인드채용 → 채용정보→ 직무 및 직무기술서를 확인하면 관련 기업 및 직무에 관한 직무기술서를 다운받을 수 있으므로 해당 직무기술서의 '지식', '기술', '태도'에 기반하여 경험을 구조화하는 것이 좋다.

피도 눈물도 없는

[AI 면접]
[정복하기]

글쓴이 | 방영황(에듀윌 면접 대표 강사 및 NCS 자소서&면접 저자)

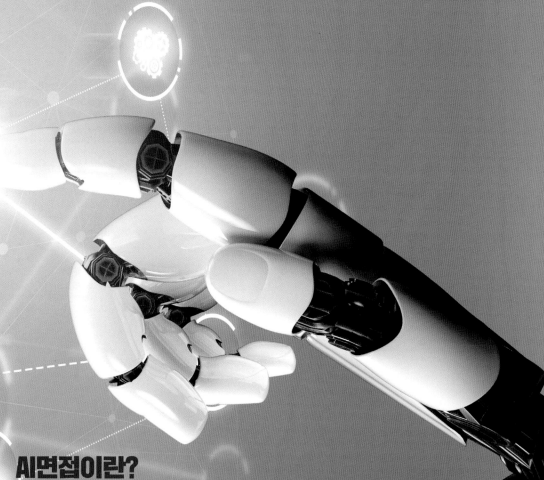

AI면접이란?

최근 공기업을 준비하는 취준생에게 가장 많은 문의를 받는 것이 AI면접이다. 공기업에서 시험 삼아 적용하던 AI면접은 2019년 하반기 채용을 기점으로 공식적인 면접 방식으로 자리매김해 나가고 있다. AI면접은 면접관의 편향을 최소화해 지원자를 객관적으로 평가할 수 있는 방식이기 때문에 채용의 신뢰성을 높일 수 있다. 또 각종 채용비리 의혹에 빈번하게 연루되는 공기업 입장에서는 AI면접을 통해 채용의 공정성을 확보할 수 있다는 매력이 있다.

하지만 취준생들은 AI면접을 어떻게 준비해야 할지 막막한 경우가 많을 것이다. 그러나 AI면접의 세부 유형과 면접 진행 순서 등의 전체적인 프로세스를 꼼꼼하게 파악하고 이해한 뒤, 어떻게 대처하는 것이 좋을지에 대한 자신만의 전략을 만들어간다면 당황스럽기만 한 AI면접에 대비할 수 있는 역량을 갖출 수 있을 것이다.

이어지는 AI면접 매뉴얼을 토대로 AI면접의 모든 과정에 한걸음 가까이 다가가고, 완전히 정복해 보자.

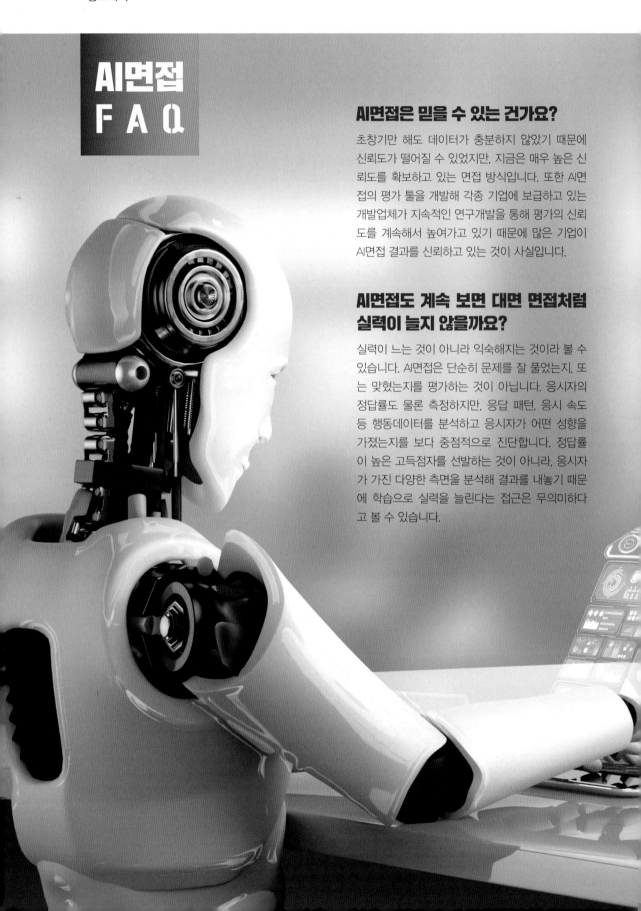

AI면접 FAQ

AI면접은 믿을 수 있는 건가요?

초창기만 해도 데이터가 충분하지 않았기 때문에 신뢰도가 떨어질 수 있었지만, 지금은 매우 높은 신뢰도를 확보하고 있는 면접 방식입니다. 또한 AI면접의 평가 툴을 개발해 각종 기업에 보급하고 있는 개발업체가 지속적인 연구개발을 통해 평가의 신뢰도를 계속해서 높여가고 있기 때문에 많은 기업이 AI면접 결과를 신뢰하고 있는 것이 사실입니다.

AI면접도 계속 보면 대면 면접처럼 실력이 늘지 않을까요?

실력이 느는 것이 아니라 익숙해지는 것이라 볼 수 있습니다. AI면접은 단순히 문제를 잘 풀었는지, 또는 맞혔는지를 평가하는 것이 아닙니다. 응시자의 정답률도 물론 측정하지만, 응답 패턴, 응시 속도 등 행동데이터를 분석하고 응시자가 어떤 성향을 가졌는지를 보다 중점적으로 진단합니다. 정답률이 높은 고득점자를 선발하는 것이 아니라, 응시자가 가진 다양한 측면을 분석해 결과를 내놓기 때문에 학습으로 실력을 늘린다는 접근은 무의미하다고 볼 수 있습니다.

AI면접 중 녹화된 영상은 면접관이 볼 수 있나요? 그렇다면 면접 복장은 어떻게 입어야 할까요?

채용 담당자가 영상을 확인할 수 있습니다. 따라서 꼭 정장은 아니더라도 가급적 깔끔한 차림으로 면접을 보는 것이 좋습니다.

AI면접을 볼 때 미리 작성한 메모지를 활용할 수 있나요?

AI면접은 응시자가 편한 시간과 공간에서 면접을 진행하기 때문에 1분 자기소개처럼 준비할 수 있는 질문에 대해서는 미리 작성한 메모지를 참고할 수 있지 않을까 생각하는 경우가 있습니다. 하지만 메모지를 사용하면 시선이 화면에 집중되지 않고 계속해서 분산되기 때문에 부정적 평가를 받을 수 있습니다. AI면접은 V4기술(Visual, Vocal, Verbal, Vital 정보를 인식하고 처리하는 AI 기술)을 적용하여 응시자의 외형적 행동을 면밀히 평가하고 있다는 사실을 기억하면서 응시해야 합니다.

AI면접을 보고 있는데 갑자기 누가 들어오면 어떻게 해야 하나요?

정해진 시간 안에 '다시하기'를 누르면 새롭게 시작할 수 있지만, 최대한 다른 사람들의 간섭을 받지 않는 환경을 만들어 면접을 보는 것이 좋습니다.

AI면접의 평가 요소에는 어떤 것이 있나요?

AI면접의 평가 요소를 간단히 정리해보면 다음과 같습니다.

- 지원 직군의 적합성과 구성원과의 유사도: 자신이 지원한 직군의 특성에 얼마나 부합하는지를 평가합니다. 또한 사내의 구성원과 유사도를 비교하는 데이터도 파악해 평가 요소로 쓰일 수 있습니다.
- 역량평가: 신뢰역량(응시자의 긍정성과 보상·성장·성취 추구에 대한 평가), 전략역량(응시자의 전략적 사고력과 전략적 기획력에 대한 평가), 관계역량(응시자의 타인 정서 및 의도 파악, 타인과의 관계 속에서의 행동 대응력 평가), 실행역량(응시자의 변화관리, 위험관리, 목적지향에 대한 평가), 가치역량(협력·존중·책임·객관성·겸손·정직 등에 대한 평가), 조직적합역량(불안·우울·스트레스·적대·충동 등에 대한 평가) 등을 평가합니다.
- 관찰특성: 면접 태도, 표현력 등을 평가합니다.
- 의사결정 유형과 정보활용 유형: 의사결정 과정에서 나타나는 응시자의 행동양식을 평가할 수 있으며 의사결정 시 응시자가 주로 활용하는 정보활용 유형에 대해서 파악합니다.
- 집중력과 난이도 적응력 평가: 다양한 문항에 대한 누적 정답률과 응답시간의 변화 추이를 바탕으로 응시자의 집중력을 평가합니다. 또한 쉽고, 어려운 난이도에 얼마나 빠르게 적응하는지를 평가합니다.

PROCESSING

AI면접의 순서

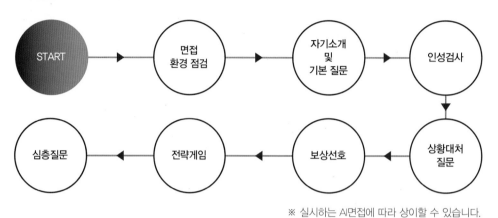

※ 실시하는 AI면접에 따라 상이할 수 있습니다.

AI면접 세부 유형별 전략과 노하우

❶ 자기소개 및 기본 질문

AI면접은 자기소개로 시작한다. 60초의 생각할 시간을 주고 90초 이내에 답변을 완성하는 방식이다. 자기소개는 특정한 형식에 얽매일 필요는 없지만, 면접을 처음 준비하는 응시자들이 효과적으로 참고할 수 있는 답변 방식을 제안하면 다음과 같다.

순서	진행 방식
면접 환경 점검	음성 테스트, 얼굴 인식 등의 시스템 환경 점검
자기소개 및 기본 질문	• 준비시간: 60초 / 답변시간: 90초 • 90초 자유 자기소개 진행 후 성격의 장단점, 지원 동기 등을 질문
인성검사	• 문항 수: 170여 개 / 답변시간: 15분 • 빠른 시간 내 자신이 평소 생각하던 바를 진솔하게 체크
상황대처 질문	• 준비시간: 60초 / 답변시간: 90초 • 거절, 의견차이, 부탁 등의 상황을 제시하고 대화 방식으로 상대방에게 의사를 전달
보상선호	• 진행시간: 3분 • 인센티브의 크기와 지급 시점이 다른 2개의 선택지를 제공해, 선호하는 방식 선택
전략게임	• 진행시간: 약 50분 • 약 10가지의 게임을 통해서 지원자를 폭넓게 측정
심층질문	• 준비시간: 30초 / 답변시간: 60초 • 가치관 유형의 대표 질문 → 선택한 가치관에 대한 상황 및 경험 질문 꼬리 물기

순서	답변 방식	
오프닝 멘트	• 너무 튀는 오프닝보다는 주의를 환기할 수 있을 정도의 멘트로 시작 • 간략한 다짐과 포부를 밝히는 형태로 진행하는 것이 효과적	
본론	• 유형❶ 직무 역량	직무 수행에 요구되는 지식, 기술, 태도 등을 경험 사례를 통해 소개
	• 유형❷ 스토리텔링	자신의 삶에서의 가치관, 성향, 특성, 터닝포인트 등으로 구성된 소개
	• 유형❸ 지원 동기 및 포부	자신의 관심 분야, 해당 직무에서 이루고 싶은 꿈, 준비해온 노력 등을 소개
클로징 멘트	• 오프닝 멘트와 클로징 멘트를 연결되게 구성해 자기소개의 완결성 확보 • 본론 내용을 간략하게 정리하거나 포부나 다짐을 다시 한번 반복하며 마무리	

자기소개가 끝나면 AI면접관이 기본 질문으로 성격의 장단점, 지원동기, 앞으로의 포부 등을 물어본다. 기본 질문 과정에서 지원자의 호감도를 많이 평가하게 되므로 답변할 때 시선과 목소리, 표정은 물론 복장이 흐트러지지 않았는지도 계속해서 점검할 필요가 있다.

자신의 생각과 성향을
일관되고 솔직하게
드러내는 것이 중요하다.

❷ 인성검사

인성검사를 준비할 수 있는 방법이 따로 있는 것은 아니다. 굳이 방법을 제시한다면 너무 많은 생각을 하지 말고 솔직하게 임하라는 것 정도이다. 하지만 한 가지 분명한 노하우를 제시한다면 '답변의 일치성'을 주의하라는 것이다. 다음의 예시로 확인해보자.

26번. 화를 잘 내는 편이다	1. 매우 아니다	2. 아니다	3. 보통이다	4. 그렇다	5. 매우 그렇다
134번. 감정 표현을 잘한다	1. 매우 아니다	2. 아니다	3. 보통이다	4. 그렇다	5. 매우 그렇다

위의 두 가지 질문 중 26번의 '화를 잘 내는 편이다'의 경우 화가 부정적인 의미를 내포하기 때문에 대부분 1~3번 중에서 답을 선택하는 경우가 많다. 반면 134번의 '감정 표현을 잘한다'는 질문은 긍정적 의미를 내포하고 있기 때문에 4~5번에서 답을 선택할 가능성이 높다. 하지만 결과적으로는 화를 잘 내는 것도 감정 표현의 하나이기 때문에 답변 내용에 불일치가 발생한다. 자신의 생각과 성향을 일관되고 솔직하게 드러내는 것이 중요하다.

INTERVIEW

❸ 상황대처 질문

상황대처 질문은 화면에 주어진 상황에 대해서 60초의 준비시간 동안 어떻게 답변할지를 생각한 뒤 90초 동안 자신의 생각을 설명하는 것이 아니라, '직접 말하듯이' 답변하는 영역이다. 일반적인 면접에서의 답변 스타일과 다르게 실제 대화를 하는 상황처럼 연기해야 하기 때문에 처음에는 다소 어색할 수 있다. 하지만 대화 속에서 상대방에게 어떤 방식으로 의사를 전달하느냐에 따라 의사결정 역량, 관계 역량이나 조직 적합 역량이 파악되니 자연스럽고 조리 있게 답변해야 한다.

상황은 꼭 직무적인 상황이 제시되는 것은 아니며, 일상생활이나 업무 과정에서 발생할 수 있는 갈등 상황, 의견 조율, 업무 조율, 부탁, 거절 등의 다양한 인간관계 속 상황이 제시된다. 주요 상황에 따른 답변 방식은 다음을 참고해보자.

✓	✓	✓
직접화법보다는 간접화법	**쿠션표현 활용**	**YES, BUT 화법**
무엇을 지시하거나 부탁하는 경우에는 직접적인 화법으로 하기보다는 간접적인 화법을 활용하는 게 좋다. '~하면 어떨까?' 또는 '~해보는 것이 어때?' 정도의 간접화법을 바탕으로 상대방과의 커뮤니케이션을 부드럽게 이어나간다.	'죄송하지만', '공교롭게도', '실례지만', '불편하시겠지만', '괜찮으시다면', '혹시 시간이 되신다면' 등 대화 시 쿠션표현을 활용하면 정중한 인상을 주는 동시에 상대방의 부담을 줄여 호감을 살 수 있다. 단, 지나치게 반복하는 것은 금물이다.	상황에 따라 상대방의 이야기에 긍정적인 반응을 보여준 뒤에 자신의 의견을 전달하는 방식을 활용하면 대화를 보다 유연하게 이끌어갈 수 있다.

위에 제시한 답변 노하우에 덧붙여 상황대처 질문에서는 대화에 앞서 자신의 감정 표현을 적절히 섞어 표현하는 것이 좋다. 더 진솔하게 자신의 생각과 감정을 전달한다는 인상을 주기 때문이다. 기계적인 답변이나 딱딱한 형태로 상황을 설명하려 한다면 좋은 평가를 얻기 힘들다.

상황대처 질문에서 주로 나오는 상황은 다음과 같다. 제시된 상황에 어떻게 답변할지를 60초 이내로 생각해보고, 90초 이내에 실제로 답변해보도록 한다.

| 의견 차이 및 갈등 상황

선배와 신입사원 환영회 비용 문제로 의견 차이가 발생했다. 저비용으로 진행을 강요하는 선배와 신입사원들에게 더 인상 깊은 환영회를 만들기 위해 비용 지출은 어쩔 수 없다고 생각하는 자신의 입장 사이에서 어떻게 의견 차이를 좁히고 환영회를 진행할 것인지 실제로 말한다고 생각하고 말씀해주세요.

└ 답변 Tip 감정 표현(고민스러움) + YES, BUT 화법 활용 + 의견에 대한 긍·부정 요소 전달 + 대안 제시

| 비리 및 윤리적 행동 상황

정말 기대했던 맛집의 한정 메뉴를 먹기 위해 줄을 서서 기다리고 있다. 그런데 어떤 사람이 우리 일행 앞으로 새치기를 했다. 당신은 어떻게 말할 것인지 실제로 말한다고 생각하고 말씀해주세요.

└ 답변 Tip 감정 표현(당황) + 잘못된 행동에 대한 지적 + 원칙을 주장

| 거절 상황

새로 취임한 부장이 단합대회를 하자고 제안하는데 미리 약속이 잡혀 있는 상황에서 불참하겠다고 어떻게 전할 것인지 실제로 말한다고 생각하고 말씀해주세요.

└ 답변 Tip 감정 표현(아쉬움) + 거절의 이유 및 상황 제시 + 다음을 기약 또는 대안 제시

| 부탁 상황

그동안 연락하지 않았던 친구에게 보험 가입을 부탁해야 한다면 어떻게 할 것인지 실제로 말한다고 생각하고 말씀해주세요.

└ 답변 Tip 쿠션 표현 + 자신이 부탁하는 것에 대한 상황 설명 및 입장 제시 + 부탁을 들어준 대상에게 보상 제시

| 설득 상황

당신은 고등학교의 담임선생님입니다. 한 학생이 축구선수가 되길 간절히 바라고 있습니다. 그리고 실력도 뛰어납니다. 그러나 부모님이 완강히 반대하는 상황에서 부모님을 어떻게 설득할 것인지 실제로 말한다고 생각하고 말씀해주세요.

└ 답변 Tip 감정 표현(공감) + 의견 주장 + 근거 제시

| 상사와의 갈등 상황

상사가 자신의 일을 자꾸 떠넘기고 있고, 이로 인해 자신이 해야 할 일까지 못 하고 있는 상황이라면 어떻게 말할 것인지 실제로 말한다고 생각하고 말씀해주세요.

└ 답변 Tip 감정 표현(곤란함) + BUT 상사 입장 이해 + 대안 제시

❹ 보상선호

보상선호 영역은 의사결정의 유형을 평가하는 영역이다. 보상선호 영역에서는 다음에 제시된 예시처럼 인센티브 수령 일자에 대한 질의를 통해서 의사결정 유형을 평가한다. 이를 통해 응시자가 어떤 것에 더 많은 가치를 두고 있고, 또 어떤 성향인지를 파악하게 된다.

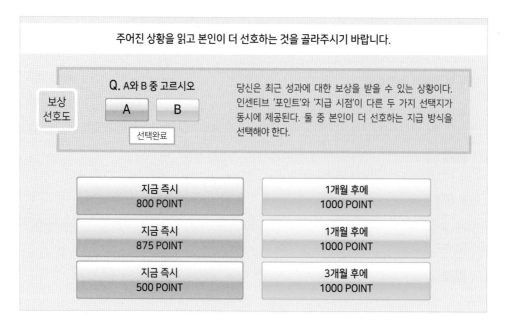

위와 같이 다양한 보상 유형을 연속으로 제시하며 2개의 선택지 중 자신이 선호하는 것을 선택하는 방식이다. 포인트와 개월 수는 응시자의 선택에 따라 내용이 변화한다. 앞서 설명했듯이 이어지는 응시자의 선택들을 통해 궁극적으로 응시자의 의사결정 유형을 평가한다. 보상선호 테스트를 통해 파악되는 응시자의 의사결정 유형 평가 예시는 다음과 같다.

보상선호 테스트를 통한 응시자의 의사결정 유형 평가

의사결정 유형

	높음	중간	낮음	낮음	중간	높음	
안전형				▬▬			모험형
분석형		▬▬▬▬▬▬					직관형
미래형			▬▬▬▬▬				현재형

❺ 전략게임

전략게임 영역은 AI면접의 특징을 가장 잘 보여주는 영역으로 약 50분 동안 10가지 게임을 통해서 정서, 추론, 계획, 작업기억, 멀티태스킹, 조절, 의사결정 등을 측정하여 직무수행에 필요한 인성 및 인지능력 보유 여부를 종합적으로 판단한다. 또한 응시자가 어떤 방식으로 게임을 풀어나가느냐에 따라 실시간 응답 데이터를 정리한다. 이에 따라 규칙 · 변수 파악, 목표 이해, 행동 실천 속도 등을 평가한다.

① 감정 맞히기

감정 맞히기는 임의로 제시되는 사진 속 인물의 표정을 파악하여 무표정, 놀람, 슬픔, 화남, 경멸, 무서움, 역겨움, 기쁨 등의 감정 선택지 중 하나를 선택하는 방식이다. 대개 감정을 직관적으로 판단할 수 있는 사진이 나오기 때문에 깊게 고민하기보다는 정답이라고 생각하는 감정 선택지를 빠르게 선택하면 된다. 그러나 감정이 바로 파악되지 않는 인물의 표정사진이 제시되기도 한다. 이때는 오래 고민하기보다는 가장 적절해 보이는 감정 선택지를 직관적으로 선택하고 넘어가는 게 좋다.

② 공 탑 쌓기

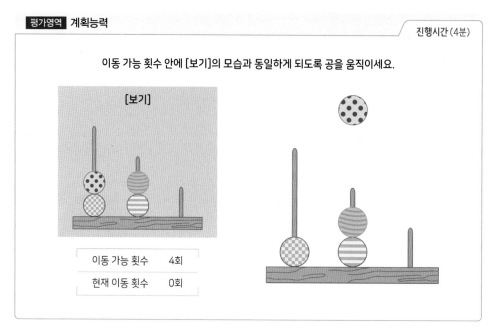

공 탑 쌓기는 '하노이 탑'이라는 이름으로 알려진 게임과 유사한 게임이다. 응시자가 움직일 수 있게 제시된 공 탑을 [보기]에 제시된 모습과 동일하게 만들면 된다. 이동 가능 횟수 안에 해결해야 한다는 것을 유념해야 한다.

③ 공 무게 맞히기

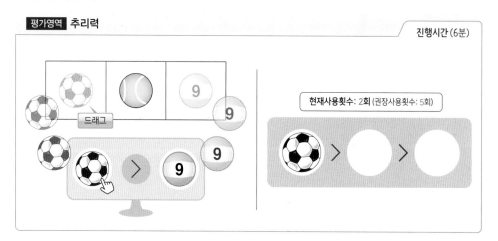

공 무게 맞히기는 제시되는 공의 무게를 비교하여 무거운 순서대로 나열하는 게임이다. 마우스로 드래그하여 저울에 비교할 공을 올려놓으면 공 무게가 부등호로 표시된다. 농구공, 야구공, 탁구공 등 다양한 공이 나오는데 우리가 인식하고 있는 일반적인 공의 무게를 떠올려서는 안 되며, 직접 저울로 재보고 무거운 공을 왼쪽부터 나열해야 한다.

④ 색–단어 일치 판단하기

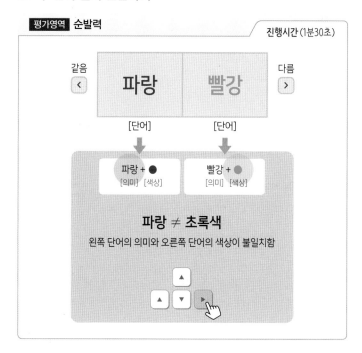

색–단어 일치 판단하기는 제시된 왼쪽 단어의 의미와 오른쪽 단어의 색상을 비교하여 색과 단어가 일치하는지를 판단하는 게임이다. 왼쪽에 제시되는 단어는 색상을 보지 않고 의미에 집중해야 하며, 오른쪽에 제시되는 단어는 의미는 무시하고 색상에 집중해야 일치 여부를 빠르고 정확하게 판단할 수 있다.

⑤ 도형 위치 기억하기

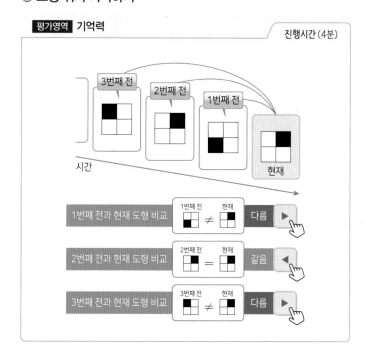

도형 위치 기억하기는 화면 가운데 등장하는 네모난 블록들이 잠깐 나타났다가 사라진다. 제시된 블록 중 색이 칠해진 블록의 위치가 N번째 이전에 등장했던 위치와 같은지 다른지를 판단하여 키보드로 응답하는 방식이다.

⑥ 방향 바꾸기

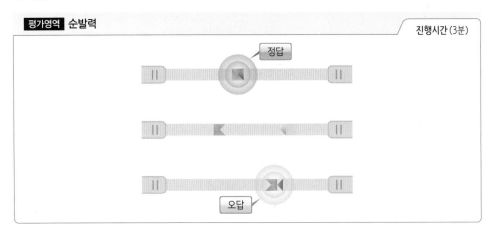

방향 바꾸기는 8개가량의 각 레일에서 고정된 초록색의 퍼즐이 있다. 이 초록색의 퍼즐과 양방향에서 나와 이동하는 삼각형 모양의 퍼즐이 정사각형의 모양이 되도록 마우스로 방향을 바꾸는 게임이다. 중요한 것은 초록색 퍼즐을 너무 자주 클릭하여 바꾸면 감점이 된다는 사실이다. 최소한의 클릭으로 방향을 바꿔야 하며 시간이 지날수록 속도가 빨라져 난도가 상승한다.

⑦ 카드 뒤집기

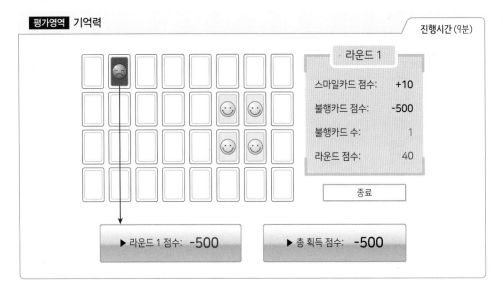

카드 뒤집기는 스마일카드와 불행카드가 섞인 총 32장의 카드가 화면에 나타난다. 뒤집힌 카드를 하나씩 클릭하여 뒤집어야 하며 스마일카드를 뒤집을 경우 점수를 획득하고, 불행카드를 뒤집을 경우 점수를 잃고 해당 라운드가 종료된다. 카드를 더 뒤집었다가는 불행카드가 나올 확률이 높다고 판단하면 종료 버튼을 눌러 점수를 획득하는 식이다. 매 라운드마다 스마일카드·불행카드의 점수, 불행카드의 개수 등이 다르며 해당 정보는 화면 오른쪽에 제시된다.

⑧ 입 길이 맞히기

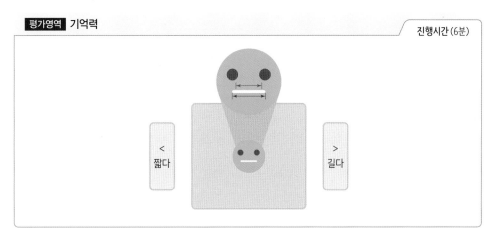

평가영역 기억력

진행시간(6분)

입 길이 맞히기는 화면에 연속으로 잠깐 나타났다 사라지는 2가지 입을 보고 두 번째 제시된 입이 먼저 제시된 입의 길이와 비교했을 때 길면 오른쪽 방향키, 짧으면 왼쪽 방향키를 누르는 게임이다.

⑨ 날씨 맞히기

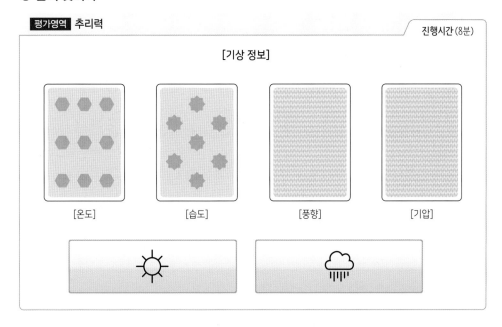

평가영역 추리력

진행시간(8분)

[기상 정보]

[온도]   [습도]   [풍향]   [기압]

날씨 맞히기는 화면 상단에 나타나는 4개의 카드 조합을 바탕으로 날씨를 예측하는 게임이다. 맑음 또는 흐림의 날씨를 선택하고 맞으면 웃는 얼굴이, 틀리면 우는 얼굴이 나타난다.
이를 3초의 시간 안에 판단하여야 하며, 카드의 정보가 무엇을 의미하는지 시행착오를 거치며 파악하는 것이므로 추리력이 필요한 게임이다.

⑩ 글자-숫자 분류하기

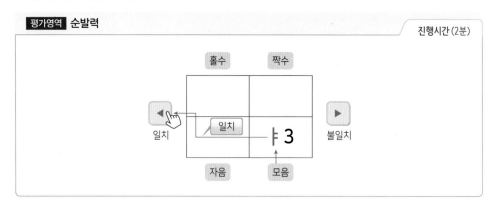

글자-숫자 분류하기는 박스 안에 적혀있는 글자와 숫자가 모음인지 자음인지, 홀수인지 짝수인지를 구분해 일치하면 왼쪽 방향키를, 불일치하면 오른쪽 방향키를 눌러 판단하는 게임이다. 글자와 숫자가 같은 칸 안에 동시에 나타나지만, 해당 칸에 해당하는 것만 보면 된다. 예를 들어 예시의 'ㅑ3'은 모음 칸에 있기 때문에, '3'은 무시하고 'ㅑ'가 모음인지만 판단해 일치 불일치를 가리면 된다.

❻ 심층질문

AI면접의 마지막 관문인 심층질문은 자신의 생각을 묻는 대표 질문이 나타나고 그 질문에 대한 의견을 YES와 NO 중에 먼저 선택해야 한다. 자신이 선택한 것에 대해 추가적인 꼬리 질문이 2개 정도 연속적으로 나타나며 이에 대한 자신의 경험과 생각을 추가로 답변하는 것이 심층질문의 평가 방식이다.

응시자가 일반적으로 준비하는 역량 평가와 방식은 유사하다. 가치관을 물어보고 자신의 경험과 실제 상황에서 어떻게 행동할지 평가하는 방식이다. 인성검사의 결과를 토대로 심층질문이 이어진다는 사실도 참고하자.

대표 질문	자신의 선택	
성향과 업무 스타일이 달라도 같이 일할 수 있다고 생각한 이유는 무엇인가?	YES	NO

⬇

선택에 따른 질문 1	성향과 업무 스타일이 달라도 같이 일할 수 있다고 생각한 이유는 무엇인가?
선택에 따른 질문 2	막상 입사했는데 상사가 본인과 전혀 다른 성향의 사람이라면 어떻게 할 것인가?
선택에 따른 질문 3	실제로 잘 안 맞는 사람과 같이 일해 본 경험이 있는가?

22대 공기업 자기소개서 작성법 및 경험면접, 상황면접, PT면접 등 다양한 면접 유형에 대해 더 알고 싶다면?

에듀윌 공기업 NCS 자소서&면접 22대 공기업 기출분석 합격서

▲ 교재 구매

• 2022 공기업 채용 트렌드&취업 전략 제시
• 직업기초능력별 자소서 핵심 키워드&합격 샘플 수록
• 공기업 분야 및 기업별 최신 기출 자소서 항목 분석
• 다양한 면접 유형별 대비 전략 수록

월간NCS 2022년 05월호 | 고난도 NCS문제 풀이 꿀팁

슈퍼유저요금에 따라 동계(12월 1일~2월 말일) 및 하계(7월 1일~8월 31일)에 1,000kWh 초과 사용에 대한 전력량 요금이 별도로 적용됨을 염두에 두고 계산하여야 한다.

8월 주택용전력(저압) 450kWh에 대한 전기요금은 하계 요금표인 **[표2]**를 이용하여 구한다.
$1,600+88.3×300+182.9×150=55,525$(원)

11월 주택용전력(저압) 450kWh에 대한 전기요금은 기타계절 요금표인 **[표1]**을 이용하여 구한다.
$7,300+88.3×200+182.9×200+275.6×50=75,320$(원)

12월 주택용전력(저압) 1,100kWh에 대한 전기요금은 기타계절 요금표인 **[표1]**을 이용하여 구한다.
$7,300+88.3×200+182.9×200+275.6×600+704.5×100=297,350$(원)

따라서 구하는 전기요금의 합은 $55,525+75,320+297,350=428,195$(원)이다.

2022년 · 05월호 · 꿀팁
수배완료

6월 꿀팁 수배 | 문제해결능력

다음 중 아래의 내용에서 결론이 반드시 참이 되도록 '전제2'에 들어갈 알맞은 명제를 고르면??

> 전제1 : 디저트를 좋아하는 사람은 아이스크림을 좋아한다.
>
> 전제2 : _____
>
> 결론 : 초콜릿을 좋아하는 어떤 사람은 디저트를 좋아하지 않는다.

① 아이스크림을 좋아하는 어떤 사람은 초콜릿을 좋아한다.
② 아이스크림을 좋아하는 모든 사람은 초콜릿을 좋아한다.
③ 초콜릿을 좋아하는 모든 사람은 아이스크림을 좋아한다.
④ 초콜릿을 좋아하는 어떤 사람은 아이스크림을 좋아하지 않는다.
⑤ 초콜릿을 좋아하지 않는 어떤 사람은 아이스크림을 좋아하지 않는다.

 정답 ④

 ◀ 꿀팁 제출 바로가기 QR 코드 스캔 후, 여러분만의 해설과 꿀팁을 알려주세요!

월간NCS는

매달 최신 취업 트렌드와
100% 새 문항으로
여러분의 합격을 응원합니다.

I

NCS
영역별 최신기출

휴노형(PSAT형) 출제 주요 공기업 기출 동형 30제

최근 3개년(2022~2020) 한국철도공사, 한국전력공사, LH한국토지주택공사, 한국수자원공사 등 휴노형(PSAT형) 출제 주요 공기업 필기시험 문항에 따라 영역별 최신 출제 유형 및 기출복원 정보를 활용하여 재구성한 기출 동형 문항을 학습할 수 있도록 구성하였습니다.

01	의사소통능력	✓	05	자원관리능력	✓	09	조직이해능력	☐
02	수리능력	✓	06	대인관계능력	☐	10	직업윤리	☐
03	문제해결능력	✓	07	정보능력	✓			
04	자기개발능력	☐	08	기술능력	☐			

의사소통능력

난이도 ★★★★☆

01 다음 글을 읽고 추론한 내용으로 가장 적절한 것을 고르면?

많은 사람들이 책상 앞에서 머리를 쥐어짤 때보다는 지하철을 타고 가면서 멍하니 있을 때 불현듯 좋은 아이디어가 떠오르는 경험을 한 적이 있을 것이다. 실제로 미국의 발명 관련 연구기관이 조사한 바에 의하면 미국 성인의 약 20%는 자동차에서 가장 창조적인 아이디어를 떠올린다고 한다. 또한 한 언론사에서는 'IQ를 높일 수 있는 생활 속 실천 31가지 요령' 중 하나로 '멍하게 지내라'를 꼽기도 했다.

이와 관련해 미국의 뇌과학자 마커스 라이클 박사는 지난 2001년 뇌영상 장비를 통해 사람이 아무런 인지 활동을 하지 않을 때 활성화되는 뇌의 특정 부위를 알아낸 후 논문으로 발표했다. 그 특정 부위는 생각에 골몰할 경우 오히려 활동이 줄어들기까지 했다. 뇌의 안쪽 전전두엽과 바깥쪽 측두엽, 그리고 두정엽이 바로 그 특정 부위에 해당한다. 라이클 박사는 뇌가 아무런 활동을 하지 않을 때 활성화되는 이 특정 부위를 '디폴트 모드 네트워크(Default Mode Network, 이하 DMN)라고 명명했다. 마치 컴퓨터를 리셋하게 되면 초기 설정 (Default)으로 돌아가는 것처럼 아무런 생각을 하지 않고 휴식을 취할 때 바로 뇌의 DMN이 활성화된다는 의미다.

DMN은 하루 일과 중에서 몽상을 즐길 때나 잠을 자는 동안, 즉 외부 자극이 없을 때 활발한 활동을 한다. 이 부위의 발견으로 우리가 눈을 감고 가만히 누워 있기만 해도 뇌가 여전히 몸 전체 산소 소비량의 20%를 차지하는 이유가 설명되기도 했다. 그 후 여러 연구를 통해 뇌가 정상적으로 활동하는 데 있어서도 DMN이 매우 중요한 역할을 한다는 사실이 밝혀졌다. 이는 자기의식이 분명치 않은 사람들의 경우 DMN이 정상적인 활동을 하지 못한다는 것을 뜻한다. 스위스 연구진은 알츠하이머병을 앓는 환자들에게서는 DMN 활동이 거의 없으며, 사춘기의 청소년들도 DMN이 활발하지 못하다는 연구 결과를 발표했다.

또한 일본 도호쿠 대학 연구팀은 기능성자기공명영상(fMRI)을 이용해 아무런 생각을 하지 않을 때의 뇌 혈류 상태를 측정했다. 그 결과 백색질의 활동이 증가되면서 혈류의 흐름이 활발해진 실험 참가자들이 새로운 아이디어를 신속하게 내는 과제에서 높은 점수를 받은 것으로 나타났다. 이는 뇌가 쉬게 될 때 백색질의 활동이 증가되면서 창의력 발휘에 도움이 된다는 것을 의미한다.

미국 코넬 대학 연구팀은 유명인과 일반인의 얼굴 사진의 차례대로 보여 준 후 현재 보고 있는 사진이 바로 전 단계에서 보았던 사진의 인물과 동일한지를 맞추는 'n-back' 테스트를 실시했다. 그 결과 대부분의 실험 참가자들은 DMN이 활성화될 때 유명인의 얼굴을 보다 빠르고 정확하게 일치시킨다는 사실을 확인했다. 즉 멍하게 아무런 생각 없이 있을 때 집중력이 필요한 작업의 수행 능력이 떨어진다고 생각한 기존의 인식을 뒤엎은 연구 결과였다.

① 두정엽은 인지 활동이 활발할수록 활성화될 것이다.
② 바쁘게 업무를 수행하는 시간대에는 DMN이 활동하지 않는다.
③ 알츠하이머병 환자의 DMN은 수면 중에만 활성화될 것이다.
④ DMN이 활성화되면 백색질의 활동도 증가할 것이다.
⑤ 청소년은 성인보다 'n-back' 테스트에서의 평균 점수가 높을 것이다.

02 다음 글을 논리적 순서에 따라 바르게 배열한 것을 고르면?

(가) 재생에너지는 그간 상대적으로 높은 발전 비용으로 인해 본격적인 개발과 활용은 비현실적이라는 비판을 받아 왔다. 하지만 풍력과 태양에너지 분야는 지난 10년간 연 30%가 넘게 성장하면서 발전 비용도 크게 낮아져 이제는 전통적인 에너지원들과의 비용 격차가 근소해졌고 일부는 비용이 더 낮아졌다. 원자력에너지와 재생에너지를 비교해 보면, 백만 가구에 전기 공급이 가능한 발전소의 경우 원전 건설은 20~60억 달러의 초기 자본이 소요되고, 풍력 및 지열 발전소 건설은 20억 달러 미만, 태양에너지 발전소 건설은 50~100억 달러의 비용이 필요하다.

(나) 재생에너지 개발 사업은 비용 측면에서 기존 화석에너지와의 경쟁이 어려워 주로 조세 감면이나 보조금 지급을 통해 실행되어 왔다. 따라서 최근 세계 최대 인터넷 검색 기업인 구글(Google)이 재생에너지를 활용한 1GW급 발전소의 건설 계획을 발표했다는 소식은 큰 관심을 불러일으켰다. 구글은 수년 내로 화력발전보다 낮은 비용이 소요되는 재생에너지를 실현할 것이라고 발표했다. 구글이 재생에너지 산업에 직접 참여한다는 것은 재생에너지가 경쟁력 있는 사업 분야가 될 수 있다는 것을 의미한다.

(다) 재생에너지에 대한 관심은 선진국에만 국한된 것이 아니다. 화석에너지의 새로운 거대 수요 국가인 중국은 독일에 이어 두 번째로 큰 규모의 풍력에너지 투자 시장을 가지고 있다. 현재 재생에너지의 비율이 8%인 중국은 2020년까지 이 비율을 15%까지 올릴 계획이며, EU는 20%를 재생에너지로 충당할 계획이다. 이제 재생에너지는 단순히 친환경이라는 이유로 에너지 산업의 구색을 갖추기 위한 존재가 아니라 경쟁원칙에 의해 당당히 기존 화석에너지원들을 대체해 나가게 될 것이다.

(라) 나아가 풍력 발전은 전 세계 에너지 소비량의 절반 이상을 충당할 수 있을 것으로 추정된다. 발전용 풍차는 설치 후 3개월 이내에 제작, 운반, 설치, 폐기 등에 사용된 모든 비용과 맞먹는 에너지를 생산할 수 있다. 또 태양에너지가 지구로 유입되는 양은 전 세계 에너지 소비량의 약 7,000배에 달하며, 이는 가로세로 길이가 각각 468km인 정사각형 태양전지판을 열대지역에 설치하면 현재 필요한 모든 에너지를 충당할 수 있음을 의미한다.

① (가) – (나) – (다) – (라)
② (나) – (가) – (라) – (다)
③ (나) – (다) – (라) – (가)
④ (나) – (라) – (가) – (다)
⑤ (다) – (라) – (나) – (가)

[03~04] 다음 글을 읽고 질문에 답하시오.

　　흔히들 '향토 음식'이라고 하면 옛날부터 전해 내려온 전통 음식을 떠올릴 것이다. ㉠그러나 향토 음식은 전통 음식보다 좁은 개념으로, 각 지역의 특산물을 재료로 하여 만들어진 그 지방 고유의 음식을 말한다. 해당 지역에서 생산된 재료로 만들 뿐만 아니라 조리 방법에도 그 지역 사람들이 살아온 모습을 담고 있기 때문에 향토 음식은 그 지역 고유의 음식 문화를 이룬다고 할 수 있다.

　　㉡그리고 요즘 청소년들은 이런 향토 음식에 대해 제대로 알고 있지 못하며 이에 관심을 가질 생각도 없는 것으로 보인다. 지난달 우리 지역 고등학생을 대상으로 한 향토 음식 선호도 설문 조사에서 "가장 좋아하는 우리 지역 향토 음식이 무엇입니까?"라는 질문에 대해 "우리 지역 향토 음식이 무엇인지 잘 모른다"라고 응답한 학생이 대다수를 차지했던 것이다. 필자는 이 결과를 접하고서 이제라도 향토 음식에 관심을 가지고 향토 음식의 조리법을 배워야겠다는 생각을 하게 되었다.

　　그래서 필자는 지인들과 주말에 ○○마을에서 열리는 「향토 음식 요리 교실」에 다니고 있다. ㉢주말에 함께 시간을 내는 것은 쉬운 일이 아니다. 지난 주말에는 밀국수 만드는 법을 배우면서, 할머니들로부터 이 지역 밀국수에 대한 이야기를 들을 수 있었다. ○○마을은 지역 특성상 논농사가 어려워 쌀 대신 밀을 많이 먹었고, 이웃과 함께 국수를 만들어 먹으며 정을 나누었다고 했다. 또 양념을 많이 쓰지 않은 자연 그대로의 담백한 맛은 우리 지역 사람들의 ㉣활기찬 마음과 닮았다고 했다. 우리는 이런 이야기를 들으며, 향토 음식을 배우는 것은 그 지역의 요리만 배우는 것이 아니라 그 지역에서 이어져 온 문화와 정신을 배우는 것임을 알게 되었다.

　　이처럼 우리 청소년들이 ⓐ향토 음식에 관심을 갖는 것은, 사라져 가는 우리의 식문화를 지킴으로써 전통을 계승하는 계기를 마련한다는 데에 의의가 있다. 또한 향토 음식에 대한 관심은 지역 공동체의 조화를 이루어 내는 데에도 ㉤참여할 것이다.

[A]

난이도 ★★☆☆☆

03 다음 중 ㉠~㉤을 어법에 맞게 고쳐 쓰는 방안으로 가장 적절하지 않은 것을 고르면?

① ㉠: 내용의 연결이 자연스럽지 못하므로 바로 뒤의 문장과 순서를 교체한다.
② ㉡: 접속어의 사용이 잘못되었으므로 '그런데'로 수정한다.
③ ㉢: 글의 흐름과 어긋나는 문장이므로 삭제한다.
④ ㉣: 의미상 어울리지 않으므로 '소박한'으로 고친다.
⑤ ㉤: 문맥상 부적절한 단어이므로 '기여'로 바꾼다.

04 주어진 글의 [A]에 들어갈 글을 작성하고자 할 때, 다음 중 아래의 [조건]에 따라 쓴 것으로 가장 적절한 것을 고르면?

┤ 조건 ├
- 향토 음식의 가치를 전통을 계승하는 것과 관련지어 설명할 것
- 속담을 적절히 활용하여 밑줄 친 ⓐ를 유도할 것

① 향토 음식은 예로부터 전해 내려온 음식으로서 현재의 식문화를 성찰하게 하는 거울이다. 따라서 이를 널리 알리기 위해 향토 음식을 적극적으로 홍보하는 노력을 해야 한다.

② 향토 음식은 청소년의 관심이 없다면 사라질 수밖에 없다. 뚝배기보다 장맛이라는 말이 있듯이 향토 음식은 우리 전통문화의 정체성을 형성하는 기반이 될 수 있을 것이다.

③ 향토 음식은 우리 전통을 이어 갈 소중한 유산 중 하나이다. 티끌 모아 태산이 되듯 향토 음식에 대한 청소년의 작은 관심들이 모인다면 향토 음식은 우리의 자랑으로 자랄 것이다.

④ 향토 음식에 대한 현재의 관심은 우리 식문화의 미래를 여는 길이다. 우물가에서 숭늉을 찾을 수 없는 것처럼 향토 음식을 그대로 유지하기만 하는 데에 급급해서는 안 될 것이다.

⑤ 향토 음식의 전통에 의문을 갖고 소홀히 여기는 것은 다 된 밥에 재 뿌리는 격이다. 우리 향토 음식의 발전을 위해서는 외국의 훌륭한 식문화와 융합하려는 자세가 필요할 것이다.

[05~06] 다음 글을 읽고 질문에 답하시오.

음식이 상한 것과 가스가 새는 것을 쉽게 알아차릴 수 있는 이유는 우리에게 냄새를 맡을 수 있는 후각이 있기 때문이다. 이처럼 후각은 우리 몸에 해로운 물질을 탐지하는 문지기 역할을 하는 중요한 감각이다. 어떤 냄새를 일으키는 물질을 '취기재(臭氣材)'라 부르는데, 우리가 어떤 냄새가 난다고 탐지할 수 있는 것은 취기재의 분자가 코의 내벽에 있는 후각 수용기를 자극하기 때문이다.

일반적으로 인간은 동물만큼 후각이 예민하지 않다. 물론 인간도 다른 동물과 마찬가지로 취기재의 분자 하나에도 민감하게 반응하는 후각 수용기를 갖고 있다. 하지만 개[犬]가 10억 개에 이르는 후각 수용기를 갖고 있는 것에 비해 인간의 후각 수용기는 1천만 개에 불과하여 인간의 후각이 개의 후각보다 둔한 것이다.

우리가 냄새를 맡으려면 공기 중에 취기재의 분자가 충분히 많아야 한다. 다시 말해, 취기재의 농도가 어느 정도에 이르러야 냄새를 탐지할 수 있다. 이처럼 냄새를 탐지할 수 있는 최저 농도를 '탐지 역치'라 한다. 탐지 역치는 취기재에 따라 차이가 있다. 우리가 메탄올보다 박하 냄새를 더 쉽게 알아챌 수 있는 까닭은 메탄올의 탐지 역치가 박하 향에 비해 약 3,500배가량 높기 때문이다.

취기재의 농도가 탐지 역치 정도의 수준에서는 냄새가 나는지 안 나는지 정도를 탐지할 수는 있지만, 그 냄새가 무슨 냄새인지 인식하지 못한다. 즉 ㉠냄새의 존재 유무를 탐지할 수는 있어도 냄새를 풍기는 취기재의 정체를 인식하지는 못하는 상태가 된다. 취기재의 정체를 인식하려면 취기재의 농도가 탐지 역치보다 3배가량은 높아야 한다. 즉 취기재의 농도가 탐지 역치 수준으로 낮은 상태에서는 그 냄새가 꽃향기인지 비린내인지 알 수 없는 것이다. 한편 같은 취기재들 사이에서는 농도가 평균 11% 정도 차이가 나야 냄새의 세기 차이를 구별할 수 있다고 알려져 있다.

연구에 따르면 인간이 구별할 수 있는 냄새의 가짓수는 10만 개가 넘는다. 하지만 그 취기재가 무엇인지 다 인식해 내지는 못한다. 그 이유는 무엇일까? 한 실험에서 실험 참여자에게 실험에 쓰일 모든 취기재의 이름을 미리 알려 준 다음, 임의로 선택한 취기재의 냄새를 맡게 하고 그 종류를 맞히게 했다. 이때 실험 참여자가 틀린 답을 하면 그때마다 정정해 주었다. 그 결과 취기재의 이름을 알아맞히는 능력이 거의 두 배로 향상되었다.

위의 실험은 특정한 냄새의 정체를 파악하기 어려운 이유가 냄새를 느끼는 능력이 부족하기 때문이 아님을 보여 준다. 그것은 우리가 모든 냄새에 대응되는 명명 체계를 갖고 있지 못할 뿐만 아니라 특정한 냄새와 그것에 해당하는 이름을 연결하는 능력이 부족하기 때문이다. 즉 인간의 후각은 기억과 밀접한 관련이 있는 것이다. 이에 따르면 어떤 냄새를 맡았을 때 그 냄새와 관련된 과거의 경험이나 감정이 떠오르는 일은 매우 자연스러운 현상이다.

05 주어진 글의 내용과 일치하지 <u>않는</u> 것을 고르면?

① 후각 수용기는 취기재의 분자에 반응한다.
② 후각은 유해한 물질을 탐지하는 역할도 한다.
③ 박하 향의 탐지 역치는 메탄올의 탐지 역치보다 높다.
④ 인간은 개[犬]에 비해 적은 수의 후각 수용기를 갖고 있다.
⑤ 인간의 후각 수용기는 취기재의 분자 하나에도 반응할 수 있다.

06 밑줄 친 ㉠의 경우에 해당하는 것을 고르면?

① 탐지 역치가 10인 취기재의 농도가 5인 경우
② 탐지 역치가 10인 취기재의 농도가 15인 경우
③ 탐지 역치가 10인 취기재의 농도가 35인 경우
④ 탐지 역치가 20인 취기재의 농도가 15인 경우
⑤ 탐지 역치가 20인 취기재의 농도가 85인 경우

난이도 ★★☆☆☆

07 다음 글을 읽고 문맥상 ㄱ~ㅁ의 사전적 의미로 적절하지 <u>않은</u> 것을 [보기]에서 모두 고르면?

> 역사가는 옛날에 있었던 일을 오늘날의 눈으로 보고 내일을 생각하며 기록한다. 역사가는 탐구의 대상인 '옛날의 일' 못지않게 오늘날의 ㉠ 시각을 중요하게 여긴다. 때로는 역사적 사실에 대해서 이전과는 다르게 오늘날의 입장에서 새롭게 해석하는 경우도 있다. 후삼국 시대 후고구려(태봉)의 왕 궁예는 미륵보살 행세를 한 폭군으로 ㉡ 사료에 기록되어 있다. 그런데 이러한 궁예에 대해 '미륵의 마음으로 백성들의 고통을 어루만져 주면서 이상적인 군주를 꿈꾸다 반대파에 의해 쫓겨났다.', '궁예를 무찌른 왕건 세력에 의해 미치광이 취급을 당하였다.' 등의 새로운 해석이 나오고 있다. 궁예에 대한 이러한 해석들은 역사적 사건의 기록에 오늘날의 관점이 얼마나 크게 작용하는지를 보여 준다.
>
> 그러면 역사적 사건이 개인의 삶과는 무슨 관계가 있을까? 1997년에 일어난 IMF 사태를 떠올려 보자. 많은 사람들이 직장을 잃었고, 경제적 ㉢ 빈곤으로 아픔을 겪었다. 그리고 몇 년 간의 노력 끝에 우리는 IMF 사태를 벗어났다. 이러한 일은 우리가 원하든 원하지 않든 간에 벌어지는 사회적인 문제이다. 우리는 이 사건을 통해 대한민국이라는 '사회'의 문제가 한 개인의 삶을 '개인'의 의지와는 상관없는 방향으로 바꾸어 버릴 수도 있음을 확인했다. IMF와 같은 사회적 문제가 곧 역사적 사건이 된다. 이처럼 역사적 사건은 한 개인의 삶에 결정적인 영향을 미치는 것이다.
>
> 그렇다면 현대와 같은 정보화 사회에서도 역사는 여전히 그 효용 가치를 지니는가? 역사는 왠지 정보화 사회에 맞지 않는다거나, 컴퓨터에 넣기에는 너무나 ㉣ 구닥다리라는 사람들이 있다. 그러나 과연 이 생각이 옳은 것인지는 한번 생각해 볼 일이다. 왜냐하면 역사란 단순한 과거의 기록이 아닌 우리가 살아가야 할 미래를 위해 꼭 필요한 삶의 지침서이기 때문이다. 가령 자동차를 타고 낯선 곳을 여행하는 두 사람이 있다고 해 보자. 한 사람은 ㉤ 지명만 알고 찾아가는 상황이고, 다른 사람은 지도와 나침반이 있다고 할 때, 누가 더 목표 지점에 정확하게 도착할 수 있겠는가? 대답은 명확하다. 즉 역사는 과거를 통해 우리의 위치와 목표를 확인하게 하고 미래를 향한 가장 올바른 길을 제시하는 것이다.

┤ 보기 ├
ㄱ 시각: 사물을 관찰하고 파악하는 기본적인 자세
ㄴ 사료: 물건의 출납이나 돈의 수지(收支) 계산을 적어 두는 책
ㄷ 빈곤: 가난하여 살기가 어려움
ㄹ 구닥다리: 여러 해 묵어 낡고 시대에 뒤떨어진 사람, 사물, 생각 따위를 낮잡아 이르는 말
ㅁ 지명: 일정하게 구획된 어느 범위의 토지

① ㉠, ㉡   ② ㉠, ㉣   ③ ㉡, ㉤
④ ㉡, ㉢, ㉣   ⑤ ㉢, ㉣, ㉤

08 다음 보도자료의 주제로 가장 적절한 것을 고르면?

소생 불능의 환자가 연명 치료를 거부하고 최소한의 품위를 지키면서 생을 마감할 수 있는 존엄사가 가능해진다. 보건복지부는 2018년 2월 '연명의료결정법' 시행을 앞두고 2017년 10월 23일부터 시범 사업을 실시한다고 밝혔다. 연명의료결정법이 시행되면 회생 가능성이 없는 환자가 자신의 결정이나 가족의 동의에 따라 연명 치료를 받지 않거나 중단할 수 있다. 다만 통증 완화를 위한 진통제 투여나 영양분·물·산소 공급은 중단할 수 없다.

존엄사를 반대하는 사람 중에는 존엄사와 안락사를 혼동하는 경우도 적지 않다. 존엄사는 안락사와 엄연히 다르다. 존엄사가 자연스럽게 생을 마감하는 것이라면 안락사는 죽음을 의도적으로 유도한다는 점에서 차이가 있다. 존엄사는 '임종 과정에 있는 환자'만 선택할 수 있다. 임종 과정에 있는 환자란 회생 가능성이 없다는 의학적 판단을 받은 환자다.

반면 안락사는 회복 불능의 환자가 자신의 결정으로 고통에서 벗어나기 위해 의료적 조치를 하는 것을 말한다. 이런 점들을 고려할 때 과연 존엄사와 안락사를 같다고 할 수 있을까?

존엄사는 영국·네덜란드·대만·프랑스 등 여러 나라에서 법적으로 인정하고 있다. 한국 사회에서도 반대 의견이 없는 것은 아니지만 존엄사를 인정해야 한다는 데는 공감대가 형성돼 있다. 2013년 한국보건사회연구원의 조사에 따르면 65세 이상 노인의 89%가 무의미한 연명 치료를 반대했다. 한국인은 생의 마지막 10년 중 절반을 질병으로 앓다가 세상을 떠난다는 통계가 말해 주듯 '죽음의 질'이 나쁜 편이다.

영국 K연구소가 2015년 40개국을 대상으로 한 '죽음의 질' 조사에서 한국은 최하위권인 32위를 차지했다. 게다가 한 해 전체 사망자의 20%가 심폐 소생술이나 항암제 투여 등으로 고통을 겪으며 죽음에 이르고 있다.

연명의료결정법이 본격적으로 시행되기 전에 준비해야 할 일이 많다. 2015년 7월부터 호스피스에 건강보험이 적용된 것 말고는 존엄사를 배려하는 제도적 장치는 미흡한 상태다. 전국 완화 의료 전문 기관 81곳을 통틀어 호스피스 병상은 1,321개에 불과하다. 전체 말기 암 환자의 10% 수준이다. 정부는 연명 치료를 거부한 환자들이 호스피스 서비스를 받을 수 있도록 기반 시설을 서둘러 구축해야 할 것이다. 또한, 연명 치료 중단이 생명 경시로 흐르지 않도록 의료 윤리 교육도 강화해야 한다. 복지 국가라면 시민들의 삶의 질을 개선하는 것 못지않게 죽음의 질을 높이는 데도 전력을 다하지 않으면 안 된다. 품위 있는 죽음은 인간이 누릴 수 있는 마지막 복지이기 때문이다.

① 외국에서 시행되고 있는 제도를 도입하여 죽음의 질을 높여야 한다.
② 무의미한 연명 치료를 중단하고 품위 있는 죽음을 위해 존엄사를 도입해야 한다.
③ 자연스럽게 생을 마감하는 존엄사와 죽음을 의도적으로 유도하는 안락사를 혼동해서는 안 된다.
④ 진정한 복지 국가가 되려면 국민들의 죽음의 질을 높이는 데도 관심을 가져야 한다.
⑤ 정부는 존엄사 도입을 위해 기반 시설을 구축하고 의료 윤리 교육을 강화해야 한다.

수리능력

난이도 ★★★★☆

01 다음 [조건]과 같이 주어진 알파벳을 모두 이용하여 조합할 때, [조건]에 맞게 조합하는 확률을 고르면?

┤조건├

- 알파벳은 T, I, G, E, R이다.
- 제일 첫 글자는 모음이 올 수 없다.
- 모음끼리는 연달아 올 수 없다.

① $\dfrac{3}{10}$　　　　　② $\dfrac{2}{5}$　　　　　③ $\dfrac{1}{2}$

④ $\dfrac{7}{10}$　　　　　⑤ $\dfrac{4}{5}$

난이도 ★★★☆☆

02 다음 [조건]과 같이 지훈, 승철, 찬희가 일을 할 때, 승철이가 혼자 일하면 걸리는 시간을 고르면?

┤조건├

- 지훈이와 승철이가 같이 일하면 일을 끝내는 데 5일이 걸린다.
- 지훈이와 찬희가 같이 일하면 일을 끝내는 데 3일이 걸린다.
- 지훈, 승철, 찬희가 같이 일하면 일을 끝내는 데 2일이 걸린다.

① 2일　　　　　② 3일　　　　　③ 4일

④ 5일　　　　　⑤ 6일

03 다음 [표]는 매출액 규모별 식품 및 식품첨가물 생산 업체 수에 관한 자료이다. 이에 대한 설명으로 옳은 것을 고르면?

[표] 매출액 규모별 식품 및 식품첨가물 생산 업체 수 (단위: 개)

구분	2016년	2017년	2018년	2019년	2020년
1억 원 미만	16,509	14,923	16,852	16,702	17,045
1억 원 이상 5억 원 미만	5,943	6,112	6,163	6,296	6,236
5억 원 이상 10억 원 미만	2,145	2,281	2,338	2,347	2,335
10억 원 이상 20억 원 미만	1,581	1,631	1,652	1,770	1,698
20억 원 이상 50억 원 미만	1,451	1,541	1,575	1,671	1,693
50억 원 이상 100억 원 미만	658	685	711	760	758
100억 원 이상 300억 원 미만	396	406	447	462	507
300억 원 이상 500억 원 미만	84	92	110	110	132
500억 원 이상 1,000억 원 미만	68	82	66	76	81
1,000억 원 이상 2,000억 원 미만	32	28	34	24	28
2,000억 원 이상 5,000억 원 미만	23	21	25	24	26
5,000억 원 이상 1조 원 미만	9	11	11	11	9
1조 원 이상	8	7	8	8	7

① 2020년 매출액 규모가 100억 원 이상 300억 원 미만인 업체 수는 전년 대비 약 5% 증가했다.

② 생산 업체 수가 전년 대비 매년 증가한 매출액 규모 범위는 1개이다.

③ 2019년 매출액 규모가 1억 원 미만인 업체 수는 5억 원 이상 10억 원 미만인 업체 수의 7배 미만이다.

④ 매출액 규모가 '1억 원 미만'과 '20억 원 이상 50억 원 미만'인 생산 업체의 업체 수가 가장 많았던 해는 서로 같다.

⑤ 매출액 규모가 50억 원 이상 100억 원 미만인 5개년 평균 생산 업체 수는 약 725개이다.

난이도 ★★★☆☆

04 다음 [표]와 [그래프]는 연도별 어류 양식 경영체 수에 관한 자료이다. 이에 대한 설명으로 옳지 않은 것을 고르면?

[표] 행정구역별 어류 양식 경영체 수 (단위: 개소)

구분	2017년	2018년	2019년	2020년	2021년
전국	3,067	3,084	2,934	2,903	2,819
부산광역시	12	12	12	13	8
울산광역시	10	10	7	9	8
경기도	1	—	—	—	—
강원도	7	9	9	7	7
충청남도	149	168	153	124	106
전라북도	22	28	28	36	32
전라남도	1,164	1,205	1,168	1,117	1,054
경상북도	116	109	105	117	98
경상남도	1,230	1,206	1,125	1,141	1,162
제주도	356	337	327	339	344

[그래프] 양식방법별 전국 어류 양식 경영체 수 (단위: 개소)

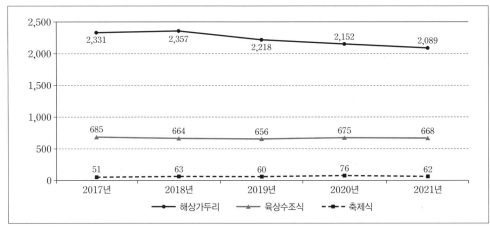

① 2021년 전국 어류 양식 중 육상수조식이 차지하는 비중은 25% 이상이다.

② 2020년 해상가두리 경영체 수는 3년 전 대비 약 7.7% 감소했다.

③ 전라남도 어류 양식 경영체 수의 연도별 증감 추이는 전국과 같다.

④ 제주도의 5개년 평균 어류 양식 경영체 수는 340.6개소이다.

⑤ 충청남도 어류 양식 경영체 수는 매년 경상북도 어류 양식 경영체 수보다 많다.

05 다음 [그래프]는 거주지역별 음주 현황에 관한 자료이다. 읍면 거주자 음주 현황의 전년 대비 감소율이 가장 큰 연도의 동 거주자 음주 현황과 읍면 거주자 음주 현황의 차를 고르면?

[그래프1] 동 거주자 음주 현황 (단위: 명)

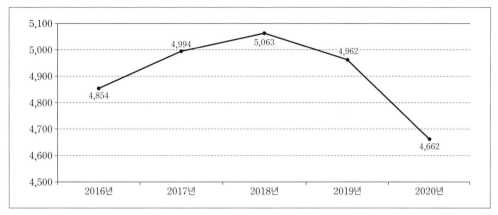

[그래프2] 읍면 거주자 음주 현황 (단위: 명)

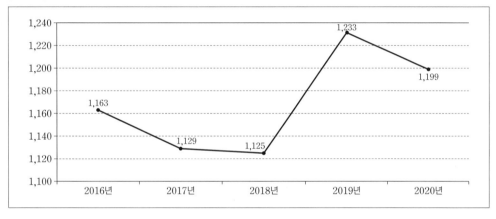

① 3,463명   ② 3,693명   ③ 3,725명
④ 3,865명   ⑤ 3,938명

빠른 문항풀이

연도별 읍면 거주자 음주 현황 수치가 비슷하므로 전년 대비 감소량이 비교적 작은 2018년은 2017년과 2020년에 비해 감소율이 작은 것을 알 수 있다. 2017년과 2020년을 비교하면 감소량은 34명으로 같지만 감소율의 분모에 해당하는 전년도 수치가 2017년이 2020년보다 더 작으므로 전년 대비 감소율은 2017년이 더 크다.

난이도 ★★☆☆☆

06 다음 [표]는 연도별 철강 생산량에 관한 자료이다. 2021년 철강 생산량이 5번째로 많은 항목의 5개년 평균 철강 생산량을 고르면?

[표] 연도별 철강 생산량 (단위: 천 톤)

구분	2017년	2018년	2019년	2020년	2021년
조강	71,031	72,464	71,411	67,082	70,419
철강재	81,312	81,133	79,924	76,312	79,454
형강	4,465	4,783	4,641	4,431	4,307
H형강	3,327	3,453	3,335	3,214	3,177
봉강	2,915	3,344	2,961	3,008	3,865
철근	11,296	10,618	9,938	9,403	10,414
선재	3,300	3,544	3,471	3,658	3,700
중후판	8,986	9,393	9,524	9,018	8,889
열연강판	16,767	16,964	17,767	17,266	17,431
냉연강판	9,826	10,004	9,687	8,720	9,513
용융아연도강판	8,439	8,117	8,161	7,279	7,627
전기아연도강판	1,849	1,765	1,635	1,586	1,672
컬러강판	2,054	2,270	2,235	2,044	2,384
석도강판	613	621	606	592	635
강관	5,639	5,007	4,649	4,513	4,626

① 9,162천 톤   ② 9,550천 톤   ③ 9,720천 톤
④ 10,332천 톤   ⑤ 10,530천 톤

07 다음 [표]는 사업체 형태별 사물인터넷 사업체 수에 관한 자료이다. 2019년 형태별 사업체 수가 전체 사업체 수에서 차지하는 비중을 그래프로 표현한 것으로 옳은 것을 고르면?(단, 비중은 소수점 둘째 자리에서 반올림하여 계산한다.)

[표] 사업체 형태별 사물인터넷 사업체 수 (단위: 개)

구분	2018년	2019년	2020년	2021년
단독사업체	1,913	1,973	2,105	2,234
본사, 본점 등	243	274	327	410
공장, 지사(점), 영업소 등	48	66	70	65

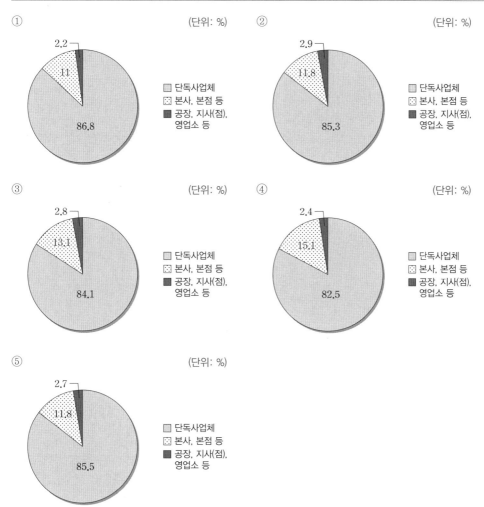

① (단위: %)
2.2 / 11 / 86.8
□ 단독사업체
▨ 본사, 본점 등
■ 공장, 지사(점), 영업소 등

② (단위: %)
2.9 / 11.8 / 85.3
□ 단독사업체
▨ 본사, 본점 등
■ 공장, 지사(점), 영업소 등

③ (단위: %)
2.8 / 13.1 / 84.1
□ 단독사업체
▨ 본사, 본점 등
■ 공장, 지사(점), 영업소 등

④ (단위: %)
2.4 / 15.1 / 82.5
□ 단독사업체
▨ 본사, 본점 등
■ 공장, 지사(점), 영업소 등

⑤ (단위: %)
2.7 / 11.8 / 85.5
□ 단독사업체
▨ 본사, 본점 등
■ 공장, 지사(점), 영업소 등

문제해결능력

난이도 ★★★☆☆

01 A, B, C 3명의 직원이 할당받은 업무를 완료하였는지 보고하고 있다. 각자 두 가지 진술 중 진실과 거짓을 한 가지씩 말한다고 할 때, [조건]을 바탕으로 [보기]의 설명 중 옳은 것만을 모두 고르면?

---| 조건 |---

- A: 나는 업무를 완료하지 않았고, C도 업무를 완료하지 않았다.
- B: 나는 업무를 완료하였지만, A는 업무를 완료하지 않았다.
- C: 나는 업무를 완료하지 않았고, A도 업무를 완료하지 않았다.

---| 보기 |---

ⓐ 한 사람만 업무를 완료한 경우는 없다.
ⓑ 두 사람만 업무를 완료한 경우는 없다.
ⓒ 모든 사람이 업무를 완료한 경우는 없다.

① ㉠   ② ㉡   ③ ㉢
④ ㉠, ㉢   ⑤ ㉠, ㉡, ㉢

빠른 문항풀이

참/거짓 유형에서는 서로 엇갈리는 진술을 중심으로 문제를 해결하는 것이 정석이나, 해당 문제에서는 서로 엇갈리는 진술이 없다. 이런 경우에는 가장 연관된 정보가 많은 대상을 중심으로 문제를 해결하는 것이 빠르다. 해당 문제에서는 A, B, C 모두 A를 언급하고 있으므로 A를 중심으로 문제를 해결한다.

02 A~I 9명의 직원이 3명씩 짝을 지어 각각 원주, 광주, 대구로 출장을 가려고 한다. 다음 [조건]을 바탕으로 출장을 원주로 가는 직원을 모두 고르면?

┌─ 조건 ├───
- A~D는 차장, E~I는 대리이다.
- A는 대리 2명과 함께 출장을 간다.
- H는 원주로 출장을 간다.
- C와 E는 광주로 출장을 간다.
- F는 대구로 출장을 간다.
- A, D, G 중 누구도 F와 함께 출장을 가지 않는다.
└──

① A, D, H   ② A, G, H   ③ A, H, I
④ D, G, H   ⑤ D, H, I

🕐 **빠른 문항풀이**

조건추리는 확정적인 조건부터 적용하여 포석을 깔면 쉽게 해결할 수 있다. 주어진 조건을 모두 적용하였는데도 문제가 해결되지 않으면, 아직 배치되지 않고 남아있는 사람들에게 집중하면 문제가 쉽게 해결되는 경우도 있다.

난이도 ★★★★☆

03 다음은 학술연구지원사업의 신청자격에 관한 자료이다. 이를 바탕으로 [보기]의 연구팀 중 학술연구지원사업의 신청자격이 있는 연구팀만을 모두 고르면?

1. 사업개요: 학술연구지원사업
2. 신청기간: 2022. 4. 1. ~ 2022. 4. 30.
3. 신청자격
   1) 「학술진흥 및 학자금대출 신용보증 등에 관한 법률 시행령」 제5조에 해당하는 자로서 다음과 같은 연구 실적이 있는 연구자에 한하여 연구책임자 자격으로 신청 가능하며, 국외기관 소속연구자는 연구책임자가 될 수 없음

   > 2016년 1월 1일부터 신청 마감일 현재까지 한국연구재단의 등재(후보)학술지, 국제학술지(SSCI 등)에 게재한 논문, 전문학술저서(학술적 가치가 있는 역서 포함) 등의 연구 실적이 3건 이상이어야 함
   > – 단독저서 및 역서는 연구 실적 2건으로, 공동저서 및 역서는 연구 실적 1건으로 산정함
   > – 공동연구논문은 책임저자, 교신저자 또는 공동저자와 상관없이 1건으로 산정함

   > 「학술진흥 및 학자금대출 신용보증 등에 관한 법률 시행령」 제5조 내용
   > 1. 국내·외의 대학(대학부설연구소를 포함함) 또는 그 소속교원(교원은 전임강사, 조교수, 부교수, 교수를 말한다.)
   > 2. 국내·외의 학술연구기관·단체 또는 그 소속연구원
   > 3. 대학의 시간강사
   > 4. 국내·외의 대학 등의 기관에서 연수 중인 자로서 박사 학위를 소지한 자

   2) 연구자 참여자격 및 요건

구분		참여자격
연구책임자		연구 실적 3건 이상
공동연구원	일반공동연구원	
	전임연구인력	박사 학위 소지자
연구보조원		학사, 석사, 박사 과정생, 박사 수료생 (박사 수료생은 박사 과정을 이수한 후 학위를 취득하지 않고 대학에 소속되어 있는 자를 말함)

   ※ 연구책임자는 사회과학분야 전공자로 한정하되, 공동연구원은 전공분야를 제한하지 않음(인문학, 예술학, 복합학 등 연구자 참여 가능)

⑦ 2016년 5월 이후 등재학술지에 논문 5건을 게재한 사회과학분야 전공의 국내 대학교수 1명을 연구책임자로 하고, 같은 기간에 등재후보학술지에 논문 1건을 게재하고 단독저술한 1건의 저서를 출간한 교수 1명과 공동 역서 1건의 실적을 가진 박사 학위 소지자 1명을 일반공동연구원으로 하여 연구팀을 구성하였다.

⑥ 2018년 이후 등재학술지에 3건의 논문을 게재한 사회과학분야 전공의 국내 대학교수 1명을 연구책임자로 하고, 2016년 3월 이후 등재후보학술지에 논문 1건을 게재하고 SSCI 학술지에 논문 2건을 게재한 대학부설연구소의 복합학 전공 연구원을 일반공동연구원으로 하며, 박사 학위 소지자를 전임연구인력으로 하여 연구팀을 구성하였다.

© 2016년 10월 이후 등재후보학술지에 논문 10건을 게재한 인문학 전공의 국내 대학교수 1명을 연구책임자로 하고, 같은 기간에 공동저서 2건을 출간하고 등재후보학술지에 공동연구논문 1건을 게재한 사회과학분야 교수 1명을 일반공동연구원으로 하며, 박사 과정생을 연구보조원으로 하여 연구팀을 구성하였다.

② 2017년 2월 이후 SSCI 학술지에 논문 2건과 등재학술지에 논문 2건을 게재한 사회과학분야 전공의 국내 대학 소속 시간강사 1명을 연구책임자로 하고, 같은 기간에 등재학술지에 논문 1건과 비등재지에 논문 1건을 게재하고 단독저서 2건의 실적이 있는 인문학 전공의 대학강사를 일반공동연구원으로 하여 연구팀을 구성하였다.

⑩ 2016년 1월 이후 단독저서 2건을 출간하고 등재학술지에 논문 2건을 게재한 해외 학술연구기관의 사회과학분야 전공 연구원 1명을 연구책임자로 하고, 등재후보학술지에 논문 1건을 게재하고 단독저서 2건의 실적이 있는 국내 대학 전임강사를 일반공동연구원으로 하며, 석사 학위 소지자를 연구보조원으로 하여 연구팀을 구성하였다.

① ⑦, ⑥   ② ⑥, ②   ③ ©, ⑩
④ ⑦, ⑥, ②   ⑤ ⑥, ②, ⑩

[04~05] 다음은 국가가 국민들을 다양한 사회적 위험으로부터 보호하기 위해 마련한 4대 사회보험 제도에 관한 자료이다. 이를 바탕으로 질문에 답하시오.(단, 사업주가 부담하는 사회보험료는 개인이 부담한 사회보험료로 간주하지 않으며, 주어진 정보 외에 다른 요소는 고려하지 않는다.)

4대 사회보험 제도

- 산업재해보상보험: 임금근로자만을 대상으로 하며 보험료는 사업주가 전액 부담하는 것이 원칙이다. 사업주가 부담하는 보험료는 적용사업장의 재해 발생 위험에 따라 보험료율을 구분하여 적용하기 때문에 사업장에서 근로하는 근로자 전원의 1년간 임금총액에서 최저 0.5%에서 최고 6%까지 부과하며, 평균 보험료율은 2%이다. 자영업자는 이 제도의 적용을 받지 아니한다.
- 국민연금: 국민연금 보험료의 부담원칙은 개인의 1년간 임금총액의 10%이며, 임금근로자의 경우에는 근로자와 사업주가 절반씩 부담한다. 자영업자의 경우에는 개인이 전액을 부담한다.
- 고용보험: 임금근로자만을 대상으로 하며 보험료는 기본적으로 근로자와 사업주가 절반씩 부담한다. 그러나 근로자는 실업급여를 위한 부분만 부담하고, 고용주는 실업급여뿐만 아니라 고용안정사업과 직업능력개발사업을 위한 비용까지 부담한다. 즉 근로자와 사업주가 절반씩 부담하는 것은 실업급여뿐이고, 고용안정사업과 직업능력개발사업을 위한 비용은 전액 사업주가 부담한다. 실업급여를 위한 보험료는 근로자의 경우 자신의 1년간 임금총액의 0.5%를, 사업주의 경우에는 근로자 전원의 1년간 임금총액의 0.5%를 납부하여야 한다. 그리고 고용안정사업과 직업능력개발사업의 경우에는 사업장 규모에 따라 보험료율에 차등을 두고 있는데, 300인 이상 사업장의 경우 둘을 합쳐 임금총액의 1%를 보험료로 납부하지만 300인 미만 사업장은 0.5%만을 보험료로 납부한다.
- 건강보험: 건강보험 보험료는 개인의 1년간 임금총액의 3%이다. 임금근로자의 경우에는 근로자와 사업주가 절반씩 부담하나 자영업자의 경우에는 개인이 전액을 부담한다.

난이도 ★★★★☆

04 주어진 자료에 대한 설명으로 옳은 것만을 [보기]에서 모두 고르면?

┤ 보기 ├

ⓐ 사업주가 임금근로자를 위해 부담하는 4대 사회보험료의 최댓값은 사업장에서 근로하는 임금근로자 전원의 1년간 임금총액의 13%에 달한다.
ⓑ 임금근로자가 회사를 떠나 자영업자 신분으로 기존과 동일한 소득을 올렸을 때, 부담해야 하는 4대 사회보험료는 기존보다 85% 이상 증가한다.
ⓒ 300인 미만 사업장에서 근무하던 임금근로자가 동일한 임금을 받는 300인 이상 사업장으로 이직한다면, 부담해야 하는 4대 사회보험료는 늘어난다.

① ㉠   ② ㉡   ③ ㉢
④ ㉠, ㉡   ⑤ ㉠, ㉡, ㉢

05 다음 [보기]의 A~D가 각자 부담해야 하는 사회보험료의 대소 관계로 옳은 것을 고르면?

┤ 보기 ├

- A: 카페를 운영하고 있는 연 소득 2,000만 원 자영업자의 4대 사회보험료
- B: 연 소득 3,000만 원 생산직 근로자의 국민연금보험료
- C: 연 소득 2,000만 원 생산직 근로자의 4대 사회보험료
- D: 식당을 운영하고 있는 연 소득 4,000만 원 자영업자의 국민연금을 제외한 사회보험료

① A>B>C>D   ② A>B>D>C   ③ A>D>C>B

④ C>B>A>D   ⑤ D>C>B>A

⏱ **빠른 문항풀이**

4대 보험 전부 연 소득에 일정 비율을 곱하는 형태이므로 4개를 따로따로 계산하는 것보다는 구해야 하는 전체 보험료율을 우선 구한 후에 연 소득과 곱하면 조금 더 빠르게 문제를 해결할 수 있다.

[06~07] 다음은 긴급복지지원제도에 관한 내용이다. 이를 바탕으로 질문에 답하시오.

긴급복지지원제도

1. 긴급복지지원제도란 갑작스러운 위기상황으로 생계유지가 곤란한 저소득층에게 생계·의료·주거지원 등 필요한 복지서비스를 신속하게 지원해 위기상황에서 벗어날 수 있도록 돕는 제도이다.

2. 지원 대상은 갑작스러운 위기상황으로 생계유지 등이 곤란한 저소득 가구이다.

3. 가구의 소득·재산기준은 아래 세 가지를 모두 충족하여야 한다.
   ① 소득: 기준중위소득(월)의 75% 이하
      ※ 기준중위소득(월): 1인 170만 원, 2인 290만 원, 3인 380만 원, 4인 470만 원
   ② 재산: 대도시 기준 188백만 원, 중소도시 기준 118백만 원, 농어촌 기준 101백만 원 이하(재산에는 금융재산도 포함된다.)
   ③ 금융재산: 500만 원 이하(금융재산에는 예치금도 포함된다.)

4. 위기상황 시 지원되는 지원금 종류와 지원내용 및 금액

종류	지원내용	지원금액	최대 횟수
생계유지비	식료품비, 의복비 등 1개월 생계유지비	35만 원 (1인당)	6회 (1인당)
의료비	각종 검사, 치료 등 의료서비스 지원 ※ 300만 원 이내에 한함(본인부담금 및 비급여 항목)	300만 원 이내 (1인당)	2회 (1인당)
주거비	국가·지자체 소유 임시거소 제공 또는 타인 소유의 임시거소 제공 등 1개월 주거비 ※ 제공자에게 거소사용 비용 지원	대도시: 60만 원 중소도시: 40만 원 농어촌: 20만 원 (1인당)	12회 (1인당)

※ 생계유지비 및 주거비는 월 1회 지급한다.

06 A 씨가 처한 [조건]의 상황을 보고 A 씨 부부가 향후 1년간 지급받을 수 있는 지원금의 최대 금액을 고르면?

┤ 조건 ├

　배우자와 함께 단둘이 농촌에 거주하는 A 씨는 폭설로 인해 주택과 채소 경작 하우스가 무너져 갑작스러운 위기상황으로 생계유지 등이 곤란해졌다. 폭설 피해로 인해 소득은 사라진 상황이며 재산은 현재 5천만 원이고 은행에 450만 원을 예치하고 있다. 이 부부는 각자 매월 정기적으로 1회의 병원 진료 및 치료를 받아야 하며, 1인당 20만 원의 본인부담금을 지출한다.

① 0원　　　　　　　　　② 490만 원　　　　　　　　　③ 980만 원
④ 1,400만 원　　　　　　⑤ 1,800만 원

07 B 씨가 처한 [조건]의 상황을 보고 B 씨 가족이 향후 1년간 지급받을 수 있는 지원금의 최대 금액을 고르면?

┤ 조건 ├

　대도시에서 무소득 부양가족 3명과 함께 거주하는 B 씨는 월 소득이 360만 원이다. 이 가구의 주택이 화재로 전소하여 갑작스러운 위기상황으로 생계유지 등이 곤란해졌다. B 씨의 아내는 이 과정에서 부상을 입어 이번 달에 본인부담금 병원비로 350만 원을 지불해야 한다. 이 가구의 재산은 9천만 원이고 은행에 예치된 돈은 450만 원이다.

① 0원　　　　　　　　　② 4,020만 원　　　　　　　　③ 4,070만 원
④ 4,320만 원　　　　　　⑤ 4,420만 원

 **빠른 문항풀이**

지급받는 금액을 계산하기 전에 지원 대상에 해당하는지 여부를 반드시 확인해야 한다.

난이도 ★★★★☆

08 S사의 신입사원 A 씨는 채용설명회를 위해 모교에 방문하여 오전 9시부터 오후 5시까지 8시간 동안 상담을 쉬지 않고 진행하였다. 다음 [표]는 상담인원을 특정 시점마다 [조건]의 규칙대로 작성한 자료이다. 이에 대한 설명으로 옳은 것만을 [보기]에서 모두 고르면?

[표] 시간대별 상담인원 현황 (단위: 명)

기록 시간	누적 방문인원	대기자 수
09:00	0	0
10:00	10	7
11:00	25	12
12:00	39	11
13:00	41	1
14:00	53	3
15:00	66	5
16:00	74	1
17:00	84	0

── 조건 ──

- 상담은 1:1로만 가능하며 상담 중인 사람이 있는 경우에는 대기하였다가 먼저 온 사람 순으로 상담을 진행한다.
- 대기를 하다가 상담을 진행하지 않고 중간에 떠나는 사람은 없다.
- 기록 시간은 매시 정각이며, 해당 시점에 누적 방문인원과 대기자 수를 기록한다.
- 누적 방문인원은 기록 시점까지 방문한 사람들의 누적인원이다(상담을 위하여 방문은 하였지만 아직 상담을 완료하지 못하고 대기 중인 사람까지 모두 포함).
- 대기자 수는 기록 시점인 매시 정각에 상담을 위하여 대기 중인 사람의 수이다(매시 정각에 상담을 진행 중인 사람까지 포함).

── 보기 ──

㉠ 10시까지 상담을 완료한 사람은 3명이다.
㉡ 9시 직후부터 12시까지 방문한 인원이 13시 직후부터 17시까지 방문한 인원보다 더 많다.
㉢ 9시 직후부터 매 1시간 단위로 따졌을 때 가장 많은 인원이 방문한 시간대는 10시 직후부터 11시까지이다.
㉣ 9시 직후부터 매 1시간 단위로 따졌을 때 가장 많은 인원이 상담을 완료한 시간대는 11시 직후부터 12시까지이다.

※ '~까지'는 그 시점을 포함하는 것으로, 예를 들어 12:00까지는 12:00 정각을 포함함
※ '~직후'는 그 시점을 포함하지 않는 것으로, 예를 들어 12:00 직후는 12:00 정각을 포함하지 않음

① ㉠, ㉣　　　　　　　② ㉡, ㉢　　　　　　　③ ㉡, ㉣
④ ㉠, ㉡, ㉢　　　　　⑤ ㉠, ㉢, ㉣

그 외 영역

[자원관리능력] 난이도 ★★★☆☆

01 총무팀의 김 대리는 팀별로 필요한 비품을 확인하고, 주문하는 업무를 담당한다. 다음 자료를 바탕으로 총주문 비용을 고르면?

- A~E팀은 복사용지, 볼펜, 박스테이프, 포스트잇, 서류봉투를 다음과 같이 신청하였다.

구분	A팀	B팀	C팀	D팀	E팀
복사용지	3박스	2박스	1박스	2박스	0박스
볼펜	20개	10개	0개	30개	20개
박스테이프	5개	3개	3개	4개	2개
포스트잇	10개	12개	8개	9개	4개
서류봉투	0묶음	2묶음	4묶음	3묶음	2묶음

- 각 비품을 A~E팀에 나누어 준 이후에도 비품별 최소 수량만큼 보유하고 있어야 한다.
- 김 대리는 비품 재고를 확인한 후 필요한 최소 수량만큼 추가 구입한다.
- 비품별 재고와 최소 보유 수량, 가격은 다음과 같다.

구분	복사용지	볼펜	박스테이프	포스트잇	서류봉투
재고	8박스	100개	10개	30개	20묶음
최소 보유 수량	5박스	50개	10개	10개	5묶음
가격	20,000원/1박스	3,000원/1개	2,000원/1개	5,000원/1개	3,000원/1묶음

① 328,000원 ② 332,000원 ③ 335,000원
④ 339,000원 ⑤ 342,000원

 **빠른 문항풀이**

(구입한 양+재고)−(팀별 신청 수량의 합+최소 보유 수량)=0이 되어야 하므로 '구입한 양=팀별 신청 수량의 합+최소 보유 수량−재고'이다. 만약 이 값이 0 이하인 경우 팀별로 나누어 주어도 재고가 최소 보유 수량 이상인 것이므로 추가로 구입하지 않는다.

02 다음은 K공기업의 신입사원 선발기준과 지원자 정보에 관한 자료이다. K공기업에서 신입사원을 직렬별로 1명씩 선발했을 때, 선발된 지원자로 알맞게 짝지은 것을 고르면?

○ 지원자격

　－ 공통 자격

구분	주요내용
학력 · 전공	해당 직렬 전공자
외국어	어학성적(TOEIC 환산점수) 750점 이상

　－ 지원 가능 전공

직렬	지원 가능 전공
전기	전기(공학), 전자 · 전기공학, 전기제어공학
건축	건축공학, 건축학, 건설환경

○ 선발기준

　직렬별로 지원자격을 갖춘 지원자들의 '서류점수:필기점수:면접점수'를 '20:30:50'으로 반영하여 합한 점수에 자격가점을 더한 총점이 가장 높은 순대로 선발한다.

　※ 동점자 발생 시 면접점수 → 필기점수 → 서류점수 → 어학성적 순으로 점수가 높은 지원자를 선발

○ 자격가점(최대 5점)

분야	배점	기준
한국사	1점	한국사능력검정 3급 이상
국어능력	2점	국어능력인증 3급, KBS한국어능력 3+급, 한국실용글쓰기 준2급 이상
IT분야	3점	정보처리기사, 정보처리산업기사, 사무자동화산업기사, 컴퓨터활용능력 1급
외국어	3점	토익스피킹 7등급, OPIc IH등급, FLEX(말하기) 1C 등급 이상

※ 동일 분야 내 중복 자격증이 있을 경우 1개만 인정

○ 지원자 정보

지원자	직렬	전공	어학성적	서류	필기	면접	자격증
A	전기	전자공학	720점	95점	90점	100점	정보처리기사 정보처리산업기사
B	건축	건축공학	880점	100점	90점	80점	국어능력인증 1급, 한국실용글쓰기 준2급
C	건축	건축학	920점	95점	80점	90점	
D	전기	화학	950점	90점	90점	80점	
E	전기	전기공학	830점	85점	90점	90점	국어능력인증 3급, 정보처리기사, 한국사능력검정 1급
F	건축	건설환경	900점	90점	80점	80점	한국사능력검정 2급 정보처리산업기사 토익스피킹 7등급
G	전기	전기제어공학	850점	80점	90점	100점	한국사능력검정 1급
H	건축	건축학	880점	85점	90점	80점	OPIc IH 등급 사무자동화산업기사

① A, B   ② B, E   ③ E, H

④ B, G   ⑤ G, H

🕹️ **빠른 문항풀이**

전기 직렬은 지원자가 최종 2명인 셈이므로 먼저 확인한다. 전기 직렬 합격자를 먼저 추린 뒤 선택지에 주어진 건축 직렬 지원자의 점수만 비교하면 된다.

[03~04] 대전에 있는 A회사에 재직 중인 김 대리는 서울 L호텔에서 개최되는 학회에 발표하기 위하여 참석하려고 한다. 학회는 오전 10시에 시작하고, 김 대리는 오전 11시 30분에 발표할 예정이다. 김 대리가 대전에서 서울까지 KTX를 타고 이동한다고 할 때, 다음 자료를 바탕으로 질문에 답하시오.(단, 주어진 비용 및 이동시간 외의 다른 조건은 고려하지 않는다.)

○ A회사에서 대전역 또는 서대전역까지 이동수단별 정보
1. A회사－대전역

이동수단	이동시간	운임
택시	16분	6,500원
지하철	25분	1,250원
버스	28분	1,200원

2. A회사－서대전역

이동수단	이동시간	운임
택시	14분	5,800원
지하철	30분	1,250원
버스	20분	1,650원

※ 단, 회사에서 각 이동수단별 정류장까지의 이동시간은 고려하지 않고, 모든 이동수단은 언제든지 탑승 가능하다.

○ 대전 KTX역에서 서울 KTX역까지 경로별 정보

경로	운임	소요시간	출발시각
대전역 － 서울역	23,700원	1시간 3분	오전 5시부터 40분 간격
서대전역 － 용산역	23,400원	1시간 10분	오전 6시부터 1시간 간격

※ 단, 탑승을 위해서는 KTX역에 10분 전까지 도착해야 한다.

○ 서울역 또는 용산역에서 L호텔까지 이동수단별 정보
1. 서울역－L호텔

이동수단	이동시간	운임
택시	13분	4,300원
지하철	20분	1,250원
버스	15분	2,300원

2. 용산역－L호텔

이동수단	이동시간	운임
택시	16분	6,700원
지하철	14분	1,250원
버스	30분	1,200원

※ 단, 서울역 또는 용산역에서 각 이동수단별 정류장까지의 이동시간은 고려하지 않고, 모든 이동수단은 언제든지 탑승 가능하다.

[자원관리능력] 난이도 ★★★★☆

03 김 대리는 L호텔 학회장에 발표 시작 1시간 전까지 도착하되 A회사에서는 최대한 늦게 출발하려고 할 때, 김 대리는 회사에서 늦어도 몇 시에 출발해야 하는지 고르면?

① 오전 8시 34분   ② 오전 8시 36분   ③ 오전 8시 44분
④ 오전 8시 46분   ⑤ 오전 8시 48분

빠른 문항풀이

KTX를 KTX역에 도착하자마자 탈 수 있는 것이 아니므로 단순히 이동시간의 합으로 계산을 해서는 안 되고, 도착지에 가능한 한 늦게 도착한 상황을 가정하고, 거꾸로 거슬러 올라가면서 이동시간을 구해야 한다.

[자원관리능력] 난이도 ★★★★☆

04 김 대리는 A회사에서 오전 7시 30분에 출발하여 학회 시작 시간에 맞추어 학회장에 도착하려고 한다. 학회장에 늦지 않게 도착하면서 가장 저렴한 방법으로 이동하려고 할 때, 총이동비용을 고르면?

① 25,850원   ② 25,950원   ③ 26,050원
④ 26,150원   ⑤ 26,250원

빠른 문항풀이

회사 출발 시간, 학회 시작 시간을 고려하여 탑승할 수 있는 KTX 시간을 먼저 구하고, 회사에서 역, 역에서 L호텔까지 시간에 맞게 갈 수 있는 가장 저렴한 이동수단을 확인한다.

[05~06] 다음은 주민등록번호에 관한 내용이다. 이를 바탕으로 질문에 답하시오.

주민등록번호 13자리는 일정한 규칙을 가지고 부여되는 숫자다. 각 자리가 의미하는 것은 다음과 같다.(단, 이는 2020년 10월 이전까지만 적용되던 규칙이며, 그 후에 태어난 사람은 생년월일과 성별을 제외한 나머지 6자리가 무작위 숫자로 부여된다.)

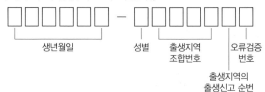

- 생년월일: 태어난 연도의 뒤 2자리, 태어난 월, 태어난 일을 조합한다. 예를 들어 1992년 2월 8일에 태어난 사람이라면 '920208'이다.
- 성별: 출생시기와 성별에 따라 0~9 중 하나의 숫자가 부여된다.

남성			여성		
부여번호	출생시기	비고	부여번호	출생시기	비고
9	1800~1899년	생존자 없음	0	1800~1899년	생존자 없음
1	1900~1999년	한국인	2	1900~1999년	한국인
3	2000~2099년		4	2000~2099년	
5	1900~1999년	외국인	6	1900~1999년	외국인
7	2000~2099년		8	2000~2099년	

※ '9'와 '0'은 생존자가 없으므로 현재 사용될 일이 거의 없지만, 상속 절차나 생전 재산 목록 조회 등의 행정적 절차에 가끔 이용됨

- 출생지역 조합번호: 네 자리 중 앞의 두 자리는 출생지역에 따라 다음과 같이 지역번호가 부여된다.

지역명	지역번호	지역명	지역번호	지역명	지역번호
서울특별시	00~08	대전광역시	40~41	대구광역시	67~69
부산광역시	09~12	충청남도	42~43, 45~47	경상북도	70~81
인천광역시	13~15	세종특별시	(구) 44 (신) 96	경상남도	82~84, 86~91
경기도	16~25	전라북도	48~54	울산광역시	85, 90
강원도	26~34	전라남도	55~64	제주도	92~95
충청북도	35~39	광주광역시	(구) 55, 56 (신) 65, 66		

네 자리 중 뒤의 두 자리는 읍·면·동에 따라 부여된다.
- 출생지역의 출생신고 순번: 그날 출생등록을 한 읍·면·동 주민센터에 접수된 출생등록 순서이다. 1부터 시작한다.
- 오류검증 번호: 마지막 자리를 제외한 앞 12자리를 각각 a, b, c, d, e, f, g, h, i, j, k, l이라고 한다면 $2a+3b+4c+5d+6e+7f+8g+9h+2i+3j+4k+5l$을 11로 나눠 나온 나머지를 m이라고 둔다. 이 m을 11에서 뺀 1의 자릿수가 마지막 번호이다. 예를 들어 주민등록번호가 123456－123456X이라면, $2+6+12+20+30+42+8+18+6+12+20+30=206$을 11로 나눈 나머지 8을 11에서 뺀 11－8＝3이 마지막 번호 X다.

05 다음 [보기] 중 주민등록번호에 대한 해석이 옳은 것만을 모두 고르면?

┤ 보기 ├

ㄱ 121212－4452812 → 1912년 12월 12일에 충청남도에서 태어난 한국인 여성

ㄴ 210430－1104526 → 1921년 4월 30일에 부산광역시에서 태어난 한국인 남성

ㄷ 201124－4941214 → 2020년 11월 24일에 제주도에서 태어난 한국인 여성

① ㄱ   ② ㄴ   ③ ㄷ

④ ㄱ, ㄴ   ⑤ ㄴ, ㄷ

[정보능력] 난이도 ★★★★★

06 1958년 5월 8일에 울산광역시에서 태어난 한국인 여성의 주민등록번호로 적절한 것을 고르면?

① 580508－2693424

② 580508－2841214

③ 580508－2853317

④ 580508－2852411

⑤ 580508－2903746

🕐 **빠른 문항풀이**

　①, ②는 오류검증 번호를 계산할 필요가 없고, ③~⑤는 '580508－2'까지 번호가 동일하므로 해당 부분의 계산 결괏값을 계속해서 활용하면 계산과정을 줄일 수 있다.

[정보능력] 난이도 ★★★☆☆

07 다음은 유통업체 A사의 재고물품 관리번호 체계에 관한 설명이다. 이를 바탕으로 기존의 관리번호를 축약번호로 바르게 바꾼 것을 고르면?

> 유통업체인 A사는 재고물품 관리를 위해 다음과 같은 11자리 관리번호 체계를 구축하였다.
>   1) 제조 연/월/일: 6자리
>   2) 제품 코드: 1자리
>   3) 생산지 정보: 1자리
>   4) Serial 번호: 3자리
> 예를 들어 2020년 7월 18일에 K사로부터 두 번째로 입고된 B물품의 관리번호는 200718BK002이다.
> 그러나 11자리 관리번호 체계가 너무 길다는 판단에 따라 다음과 같은 규칙으로 8자리의 축약번호 체계를 신설하였다.
>   1) 제조 연/월/일: 두 자리씩 구분한 후, 36진수를 사용하여 1~9와 A~Z(35개)를 사용
>   2) 제품 코드, 생산지 정보, Serial 번호는 이전과 동일
> 예를 들어 2020년 11월 18일에 K사로부터 두 번째로 입고된 B물품의 관리번호는 KBIBK002이다.

① 130109BK010 → DA9BK010
② 191014BK024 → KAEBK024
③ 121220BK100 → CCKBK100
④ 210810BK003 → L80BK003
⑤ 161115BK045 → GBEBK045

빠른 문항풀이

주어진 조건에 따라 알파벳을 다음과 같이 정리하고 선택지를 확인하면 오답을 빨리 소거할 수 있다.

A	B	C	D	E	F	G	H	I	J	K	L	M
10	11	12	13	14	15	16	17	18	19	20	21	22

N	O	P	Q	R	S	T	U	V	W	X	Y	Z
23	24	25	26	27	28	29	30	31	32	33	34	35

Ⅱ
NCS
실전모의고사

실제 공기업 필기시험 문항에 가장 최적화된 최신 유형의 문항으로 출제하였습니다.

영역	문항 수	시간	비고
의사소통능력 수리능력 문제해결능력 자원관리능력 정보능력	50문항	55분	객관식 오지선다형 영역통합형

OMR 카드 형태는 월간NCS 마지막 장에 수록되어 있습니다. 절취하여 실전처럼 연습할 수 있습니다. 해당 QR 접속 시 바로 모바일 정답 채점 및 성적 분석이 가능합니다.

◀ 모바일 OMR 바로가기
http://eduwill.kr/MvNV
(2022. 12. 31.까지 유효)

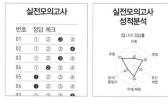

모바일
OMR 채점 서비스

정답만 입력하면
채점에서 성적분석까지 한번에 쫙!

실전모의고사	실전모의고사 성적분석

번호	정답 체크
01	① ② ❸ ④
02	① ② ③ ❹
03	① ② ❸ ④
04	① ❷ ③ ④
05	① ② ③ ❹
06	❶ ② ③ ④
07	

☑ [QR 코드 인식 ▶ 모바일 OMR]에 정답 입력
☑ 실시간 정답 및 영역별 백분율 점수 위치 확인
☑ 취약 영역 및 유형 심층 분석

NCS 실전모의고사

01 아래의 두 명제가 모두 참일 때, 다음 중 항상 참인 명제를 고르면?

> • 미용실에 가는 사람은 염색을 좋아한다.
> • 파마를 좋아하지 않는 사람은 염색을 좋아하지 않는다.

① 파마를 좋아하는 사람은 미용실을 간다.
② 파마를 좋아하는 사람은 미용실을 가지 않는다.
③ 미용실에 가는 사람은 파마를 좋아한다.
④ 미용실에 가는 사람은 파마를 좋아하지 않는다.
⑤ 미용실에 가지 않는 사람은 파마를 좋아한다.

02 아래의 두 명제가 모두 참일 때, 다음 중 항상 참인 명제를 고르면?

> • 내성적인 사람은 집에 있는 것을 좋아한다.
> • 내성적인 어떤 사람은 영화 보는 것을 좋아한다.

① 영화 보는 것을 좋아하는 모든 사람은 집에 있는 것을 좋아한다.
② 영화 보는 것을 좋아하는 어떤 사람은 집에 있는 것을 좋아하지 않는다.
③ 집에 있는 것을 좋아하는 모든 사람은 영화 보는 것을 좋아하지 않는다.
④ 집에 있는 것을 좋아하는 어떤 사람은 영화 보는 것을 좋아하지 않는다.
⑤ 집에 있는 것을 좋아하는 어떤 사람은 영화 보는 것을 좋아한다.

03 지원, 민서, 나미, 희진, 혜민, 현지가 달리기 시합을 했다. 다음 [조건]을 바탕으로 달리기 시합에서 3등을 한 사람을 고르면?

| 조건 |
- 현지와 민서 사이에 결승점에 도착한 사람은 두 명이다.
- 희진이보다 먼저 결승점에 도착한 사람은 없다.
- 나미는 혜민이보다 먼저 결승점에 도착했다.
- 지원이는 나미 바로 다음으로 결승점에 도착했다.

① 지원   ② 민서   ③ 나미
④ 혜민   ⑤ 현지

04 기획부 과장, 대리, 사원, 홍보부 대리, 사원, 영업부 과장, 사원이 출장을 가게 되어 숙소를 배정했다. 다음 [조건]을 바탕으로 반드시 옳지 <u>않은</u> 것을 고르면?

| 조건 |
- 숙소의 구성은 다음과 같다.

401호	402호
301호	302호
201호	202호
101호	102호

- 4층에는 사원만이 배정된다.
- 홍보부 대리의 옆방에는 아무도 배정되지 않는다.
- 3층에는 기획부만이 배정된다.
- 홍보부 사원은 홍보부 대리 바로 아랫방에 배정된다.
- 영업부 과장과 영업부 사원의 방 번호는 서로 일의 자리 숫자가 다르다.

① 기획부 과장은 기획부 사원 바로 아랫방에 배정된다.
② 201호는 빈 방이다.
③ 홍보부 사원은 101호에 배정된다.
④ 영업부 사원의 방 번호의 일의 자리 숫자는 1이다.
⑤ 영업부 과장은 2층에 배정된다.

05 다음은 A부처에서 실시하는 전기차 지원 혜택에 관한 내용이다. 주어진 자료와 [표]를 바탕으로 A부처의 2022년 전기차 보조금 총예산 규모를 고르면?

- A부처는 국내에서 생산되는 전기차 지원 및 전기차 보급물량 확대를 위해 2022년 보조금 업무처리지침을 다음과 같이 밝혔다.
- 2022년 전기차 총지원대수 및 1대당 지원기준액은 다음과 같다.

차종	총지원대수	1대당 지원기준액
승용차	100,000대	1,000만 원
화물차	50,000대	1,500만 원
승합차	2,000대	3,000만 원
합계	152,000대	–

※ 단, 승용차 전체 지원대수의 10%는 전기택시에 배정하고, 전기택시에는 1대당 지원기준액을 500만 원 증액함

- 1대당 실제 지원액은 차량가격대에 따라 차등 적용되는데, 구체적인 차량가격대별 실제 지원액은 다음과 같다.

차량가격	1대당 실제 지원액
5천만 원 미만	1대당 지원기준액의 100%
5천만 원 이상 8천만 원 미만	1대당 지원기준액의 50%

[표] 국내 보조금 지원대상 전기차(택시 포함) 152,000대의 차종별 구성비율

차종	5천만 원 미만	5천만 원 이상 8천만 원 미만
승용차	80%	20%
화물차	60%	40%
승합차	50%	50%

※ 단, 국내 전기택시는 모두 5천만 원 미만의 승용차로만 구성됨

① 1조 5,450억 원 ② 1조 5,950억 원 ③ 1조 8,100억 원
④ 1조 9,500억 원 ⑤ 2조 원

06 어느 카페에서 커피 원두 공급 업체를 선정하려고 한다. 월 이익이 가장 큰 업체를 선정하려고 할 때, 이 카페에서 선정하게 될 업체를 고르면?

- 이 카페는 오직 한 종류의 커피만 제조하고, 커피 한 잔당 가격은 2,500원이다.
- 원두 1kg로 커피를 20잔 제조할 수 있으며 원두는 1kg 단위로 구입할 수 있다. 매월 초에 월 예상 판매량 이상을 제조할 수 있을 만큼의 원두를 구입하고, 구입한 지 한 달이 지난 원두는 폐기한다.
- 공급 업체별 원두의 kg당 가격 및 할인 정보는 다음과 같다.

(단위: 원)

원두	A업체	B업체	C업체	D업체	E업체
kg당 가격	13,000	15,000	12,000	14,000	11,000
할인	50kg 이상 구입 시 10% 할인	50kg 이상 구입 시 kg당 1,000원 할인	—	100kg 이상 구입 시 kg당 20% 할인	—

- 공급 업체별 원두의 월별 예상 판매량은 다음과 같다.

(단위: 잔)

원두	A업체	B업체	C업체	D업체	E업체
월별 예상 판매량	1,200	1,500	1,300	1,400	1,100

※ 이익은 '월 커피 판매 금액─월 원두 구입 금액'으로 계산한다.

① A ② B ③ C
④ D ⑤ E

[07~08] 다음은 H사 내부 승진기준 및 직원 A~D에 관한 내용이다. 이를 바탕으로 질문에 답하시오.

- H사는 사원, 대리, 과장, 부장 직급이 있으며, 직급별 승진에 필요한 최소 소요 연수는 다음과 같다.
  - 사원 → 대리: 2년
  - 대리 → 과장: 4년
  - 과장 → 부장: 6년

  예를 들어 대리가 과장이 되려면 최소한 대리 직급으로 4년을 근무해야 한다.

- 최소 소요 연수를 채운 사람에 한하여 승진 심사가 이루어지며, 승진 심사는 상사평가부문, 실적부문, 사내행사참여부문 3가지 기준을 모두 충족한 경우에 승진이 결정된다. 부문별 연간 승진기준 점수는 다음과 같다.

[표1] 부문별 연간 승진기준 점수   (단위: 점)

구분	사원 → 대리	대리 → 과장	과장 → 부장
상사평가부문	200	200	200
실적부문	400	300	200
사내행사참여부문	0	100	200

※ 위 표는 연간 기준이므로 재직기간을 곱한 총점을 기준으로 평가해야 함
※ 실적부문 점수의 최소 50%는 핵심실적이어야 함

- 사내행사참여부문 점수가 부족할 경우, 부족한 사내행사참여부문 점수의 2배에 해당하는 실적부문 초과점수로 부족한 사내행사참여부문 점수를 대체할 수 있다. 단, 실적부문 초과점수 중 핵심실적의 초과점수로만 대체 가능하다.

- 직원 A~D의 올해 승진 관련 정보는 다음과 같다.

[표2] 직원 A~D의 올해 승진 관련 정보   (단위: 년, 점)

구분			A	B	C	D
현재 직급			사원	대리	대리	과장
현재 직급에서의 재직기간			2	3	4	6
현재 직급에서의 재직기간 중 점수 총점	상사평가부문		500	700	900	1,200
	실적 부문	핵심	300	700	1,000	850
		일반	700	700	800	500
	사내행사 참여부문		100	400	350	1,050

07 A~D 중 올해 승진이 가능한 사람은 몇 명인지 고르면?

① 0명   ② 1명   ③ 2명
④ 3명   ⑤ 4명

08 인력적체 문제로 올해는 전 직원 승진을 보류하였다. [표2]를 기준으로 1년이 더 지났고, 그동안 A~D의 각 부문 점수가 모두 20%씩 증가하였다. 이때 A~D 중 승진이 가능한 사람은 몇 명인지 고르면?

① 0명   ② 1명   ③ 2명
④ 3명   ⑤ 4명

기초연금제도 안내

1. 기초연금제도란?
어려운 노후를 보내시는 어르신들을 도와드리기 위한 제도

2. 대상자
만 65세 이상이고 대한민국 국적을 가지고 계시며 국내에 거주(「주민등록법」제6조 1, 2호에 따른 주민등록자)하는 어르신 중 가구의 소득인정액이 선정기준액 이하인 분

※ 1) 부부 중 한 분만 신청하시는 경우도 부부가구에 해당함
   2) 소득인정액은 월 소득평가액과 재산의 월 소득환산액을 합산한 금액임
   3) 공무원연금, 사립학교교직원연금, 군인연금, 별정우체국연금 수급권자 및 그 배우자는 기초연금 수급대상에서 제외됨

3. 소득인정액 산정방식
• 소득인정액 산정

$$소득인정액 = (소득평가액) + (재산의\ 소득환산액)$$

• 소득평가액 산정

$$소득평가액 = \{0.7 \times (근로소득 - 103만원)\} + (기타소득)$$

※ 1) 일용근로소득, 공공일자리소득, 자활근로소득은 근로소득에서 제외됨
   2) 기타소득은 사업소득, 재산소득, 공적이전소득, 무료임차소득을 의미함

[붙임] 선정기준액

구분	단독가구	부부가구
선정기준액	1,800,000원	2,880,000원

① 소득평가액 산정 시 공공일자리소득은 근로소득에서 제외되지만 공적이전소득은 근로소득에 포함된다.
② 부부 중 한 명만 기초연금을 신청하였다면 부부의 소득인정액이 180만 원 이하여야 기초연금 대상자에 해당한다.
③ 근로소득이 255만 원이고, 기타소득이 50만 원이며, 재산의 소득환산액이 23만 원인 A 씨는 단독가구라도 소득인정액이 선정기준액 이하이다.
④ 근로소득이 200만 원이고, 기타소득은 0원, 공무원연금으로 30만 원을 수령하며, 재산의 소득환산액이 60만 원인 B 씨가 단독가구라면 기초연금을 수령할 수 있다.
⑤ 만 65세 이상이면서 해외에 거주 중인 대한민국 국적자 중 가구의 소득인정액이 선정기준액 이하인 사람은 기초연금을 수령할 수 있다.

10 김 대리는 회사에서 출발하여 A~E 다섯 개의 거래처를 방문한 뒤 집으로 퇴근하려고 한다. 한 번 방문한 거래처는 다시 방문하지 않고, 최단 거리로 방문한다고 할 때, 회사에서 출발하여 집에 도착할 때까지 김 대리의 총이동거리는 얼마인지 고르면?(단, 주어진 외의 경로로는 이동하지 않는다.)

[그림] 각 거래처 간 연결망 지도

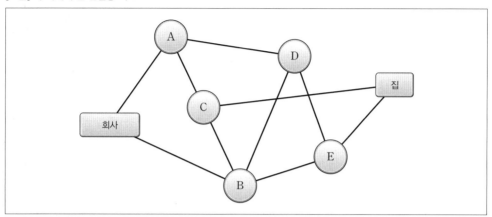

[표] 각 거래처 간 거리

구분	A	B	C	D	E	집
회사	20km	24km				
A			12km	16km		
B			13km	18km	15km	
C						30km
D					14km	
E						12km

① 88km ② 89km ③ 90km
④ 91km ⑤ 92km

11 다음 글을 읽고 추론한 내용으로 가장 적절한 것을 고르면?

> 여행을 위해 항공권 예매를 했는데 알고 보니 다른 항공기를 타야 하는 경우가 있다. 가령 A항공사의 항공권을 구매했는데 막상 비행기를 타려고 보니 B항공사 항공기로 탑승하게 된 것이다. 내가 예매한 티켓보다 비싼 항공기를 탈 때는 행운이라고 생각할 수도 있지만, 반대로 더 저렴한 항공기를 타서 속상한 경우도 생긴다. 바로 항공사들의 공동운항 협정인 '코드쉐어' 때문에 생기는 일이다.
>
> 코드쉐어란 공동운항을 뜻하는 말로 항공사 간의 협정 중 하나이다. 2개의 항공사가 1개의 항공기를 이용해 운항하는 것으로 항공사 간 좌석을 공유한다고 생각하면 된다. 코드쉐어는 보통 대한항공이 속한 스카이팀, 아시아나항공이 속한 스타얼라이언스처럼 동맹항공사들 사이에서 이뤄진다. 항공사들이 코드쉐어를 하는 이유는 다양한 노선의 확보를 통해 더 큰 이득을 얻을 수 있기 때문이다. 예를 들어 A항공사는 월·수·금요일에 인천－파리 노선에 취항하고, B항공사는 화·목·토요일에 인천－파리 노선에 취항한다. 두 항공사가 코드쉐어를 한다면 A, B 항공사 모두 주 6일 인천－파리 노선에 취항하게 되는 셈이다.
>
> 코드쉐어를 확인하는 방법은 간단하다. 보통은 항공권을 예매할 때 항공사에서 코드쉐어 혹은 공동운항이라고 표기해 놓기 때문에 놓칠 일이 없다. 그러나 혹시라도 발견하지 못했다면 항공권의 숫자 뒷자리 자릿수를 통해 확인할 수 있다. 항공권 번호가 네 자리일 경우 코드쉐어일 확률이 높다. 보통의 항공권은 항공사 영어 이니셜＋숫자 세 자리로 이뤄져 있는데 코드쉐어일 경우 뒤의 숫자가 네 자리로 입력돼 있다.
>
> 코드쉐어를 통해 저렴하게 항공편을 이용하는 방법도 있다. 예를 들어 인천－프라하 노선의 A항공사 항공권을 128만 원에 예매했는데 이 항공편이 B항공과 코드쉐어한 노선이라면 150만 원대의 B항공 항공기를 타고 프라하에 가게 된다. 20만 원 이상 저렴하게 이용하는 셈이다. 반면 대형항공사의 티켓을 비싸게 사서 비교적 저렴한 저비용항공사를 이용하게 될 수도 있으니 유의해야 한다. 또한 코드쉐어를 할 경우 예매 항공사와 실제 탑승 항공사가 다르므로 탑승수속과 같은 운항 관련 절차에 대해서도 꼼꼼히 살펴야 한다.

① 항공권의 뒷자리 숫자가 '543'일 경우 해당 항공권은 코드쉐어 항공권일 것이다.

② 왕복 항공권은 모두 코드쉐어 항공권으로 구매하는 경우가 그렇지 않은 경우보다 전체 비용이 항상 저렴하다.

③ 대형항공사의 코드쉐어 항공권을 구매하였다면 실제로 탑승하는 항공사의 규모가 더 작을 것이다.

④ 월요일에만 런던으로 취항하는 항공사이더라도 코드쉐어 항공편을 구매하면 다른 요일에 런던으로 출발할 수도 있다.

⑤ 항공사 영어 이니셜이 'KE'인 항공사에서 코드쉐어 항공편을 예매한 경우 항공권 번호는 'KE'로 시작하지 않을 것이다.

12 다음 글을 읽고 [보기] 속 대화의 흐름상 마지막 B사원의 발언으로 가장 적절한 것을 고르면?

국토교통부가 승객이동, 항공기 견인 등 항공운항의 필수 역할을 하는 지상조업의 서비스 및 안전성을 높이기 위해 '지상조업 안전관리 강화방안'을 수립했다고 밝혔다.

국토교통부는 지상조업 근로자의 근무환경을 개선하기 위하여 '서비스 품질관리제'와 '장비 공유제' 등을 담은 '지상조업 안전관리 강화방안'을 수립하게 되었다. '지상조업 안전관리 강화방안'의 주요 내용은 다음과 같다.

먼저 지상조업사의 영업허가 과정에서 통상적인 사업능력뿐만 아니라 전반적인 안전관리, 노사관계, 근로환경 등을 추가로 심사하는 '서비스 품질관리제'가 도입된다. 그동안 공항운영자가 지상조업사의 영업허가 심사 시 통상적인 영업계획, 조업능력 등만 확인하여 대부분 구내 영업이 승인되었으나, 이제는 안전관리 체계, 하도급 관리, 노사 단체협약 여부, 근로환경 개선 노력 등이 심사 항목에 포함된다. 또한 영업허가 후에는 공항운영자와 조업사 간 준수해야 할 안전수칙, 기반시설 제공 등을 담은 서비스협약을 맺어 협력체계를 만든다. 서비스협약 준수 여부에 대해서는 매년 품질평가를 하고, 우수업체에 혜택 제공 방안을 추진할 예정이다.

다음으로 공항운영자가 고가의 친환경 지상장비 등을 구매하여 지상조업사들이 임대방식으로 같이 활용하는 장비 공유제가 도입된다. 그동안 조업사마다 장비를 배치함에 따른 작업장 혼잡이 해소됨은 물론, 장비 구입비용 절감, 친환경장비 도입에 따른 탄소 배출 감소에도 기여할 것으로 기대된다. 장비 공유제는 공항운영자·조업사·노조 등과 충분한 협의를 거쳐 추진방향, 공항별 장비 운영 규모 등을 결정하고, 시범사업을 거쳐 효과 검증을 바탕으로 충분히 검토한 후 단계적으로 추진할 계획이다. 또한 조업사의 노후 특수차량을 친환경적으로 개조하여 활용할 수 있도록 정부가 기술개발(R&D) 등을 적극 지원할 계획이다.

마지막으로 작업혼잡 개선, 근무여건 향상, 첨단기술 도입 등으로 안전한 작업장을 조성한다. 혼잡 주요 원인으로 꼽히는 유휴 장비의 장기방치를 없애기 위해 전용 정치장을 추가 확보하고, 작업차량 위치, 운행기록 등을 주기적으로 파악함으로써 효율적으로 차량운행을 지원하는 기술인 차량 추적시스템을 개발·도입할 계획이다. 또한 친환경차 인프라, 화장실, 휴게시설 등 편의시설과 작업장 노면 요철 보수, CCTV 추가 등 근로환경 개선을 지속 추진할 예정이다.

┤보기├

• A사원: 국토교통부에서 지상조업 안전관리 강화방안을 수립했다고 밝혔네요. 우리 회사가 지상조업사인 만큼 업무와 관련해 많은 변화가 생길 수 있겠어요.
• B사원: 네, 그렇지 않아도 업무에 참고 및 반영해야 할 내용을 정리하던 중이에요.
• A사원: B사원이 담당하고 있는 장비의 구매 및 관리 업무와 관련된 내용도 포함된 것으로 알고 있는데 구체적으로 달라지는 부분은 어떤 게 있나요?
• B사원: (   )

① 노후한 장비를 친환경적으로 개조하는 기술과 이에 대한 비용을 공항운영자가 지원할 예정이라 신청 서류를 준비해야 해요.

② 공항운영자와 맺은 서비스협약의 대해 매년 품질평가가 시행될 예정이어서 준수 여부를 틈틈이 확인해야 해요.

③ 지상조업사의 규모에 따라 작업장에서 장비를 배치할 수 있는 공간의 면적이 달라지므로 추가 확보를 위한 방법을 알아봐야 해요.

④ 영업허가 심사에 안전관리 체계, 하도급 관리 여부 등의 항목이 추가되어 관련 부분을 준비해야 해요.

⑤ 공항에서 보유한 장비를 다른 조업사들과 함께 이용할 수 있어 임대할 수 있는 장비의 종류를 확인할 예정이에요.

[13~14] 다음 글을 읽고 질문에 답하시오.

법과 정의의 관계는 법학의 고전적인 과제 가운데 하나이다. 때와 장소에 관계없이 누구에게나 보편적으로 받아들여질 수 있는 정의롭고 도덕적인 법을 떠올리게 되는 것은 자연스러운 일이다. 전통적으로 이런 법을 '자연법'이라 부르며 논의해 왔다. 자연법은 인위적으로 제정되는 것이 아니라 인간의 경험에 앞서 존재하는 본질적인 것으로서 신의 법칙이나 우주의 질서, 또는 인간 본성에 근원을 둔다. 특히 인간의 본성에 깃든 이성, 다시 말해 참과 거짓, 선과 악을 분별할 수 있는 인간만의 자질은 자연법을 발견해 낼 수 있는 수단이 된다.

서구 중세의 신학에서는 자연법을 인간 이성에 새겨진 신의 법이라고 이해하여 종교적 권위를 중시하였다. 이후 근대의 자연법 사상에서는 신학의 의존으로부터 독립하여 자연법을 오직 이성으로써 확인할 수 있다고 보았다. 이런 경향을 열었다고 할 수 있는 그로티우스(1583~1645년)는 중세의 전통을 수용하면서도 인간 이성에 따른 자연법의 기초를 확고히 하였다. 그는 이성을 통해 확인되고 인간 본성에 합치하는 법 규범은 자연법이자 신의 의지라고 말하면서, 이 자연법은 신도 변경할 수 없는 본질적인 것이라고 주장하였다. 이성의 올바른 인도를 통해 다다르게 되는 자연법은 국가와 실정법을 초월하는 규범이라고 보았다.

그로티우스가 활약하던 시기는 한편으로 종교 전쟁의 시대였다. 그는 이 소용돌이 속에서 어떤 법도 존중받지 못하는 일들을 보게 되고, 자연법에 기반을 두면 가톨릭, 개신교, 비기독교 할 것 없이 모두가 받아들일 수 있는 규범을 세울 수 있다고 생각했다. 나아가 이렇게 이루어진 법 원칙으로써 각국의 이해를 조절하여 전쟁의 참화를 막고 인류의 평화와 번영을 ㉠실현할 수 있다고 믿었다. 이러한 그의 사상은 1625년『전쟁과 평화의 법』이란 저서를 낳았다. 이 책에서는 개전의 요건, 전쟁 중에 지켜져야 할 행위 등을 다루었으며, 그에 대한 이론적 근거로서 자연법 개념의 기초를 다지고, 그것을 바탕으로 국가 간의 관계를 규율하는 법 이론을 구성하였다. 이 때문에 그로티우스는 국제법의 아버지로도 불린다.

신의 권위에서 독립한 이성의 법에는 인간의 권리가 그 핵심에 자리 잡았고, 이는 근대 사회의 주요한 사상적 배경이 되었다. 한 예로 1776년 미국의 독립 선언에도 자연법의 영향이 나타난다. 더욱이 프랑스 대혁명기의 인권 선언에서는 자유권, 소유권, 생존권, 저항권을 불가침의 자연법적 권리로 선포하였다. 이처럼 자연법 사상은 근대적 법체계를 세우는 데에 중요한 기반을 제공하였고, 특히 자유와 평등의 가치가 법과 긴밀한 관계를 맺도록 하는 데 이바지하였다.

그러나 19세기에 들어서자 현실적으로 자연법을 명확히 확정하기 어렵다는 비판 속에서 자연법 사상은 퇴조하는 경향을 보였다. 이때 비판의 선봉에 서며 새롭게 등장한 이론이 이른바 '법률실증주의'이다. 법률실증주의는 국가의 입법 기관에서 제정하여 현실적으로 효력을 갖는 법률인 실정법만이 법으로 인정될 수 있다는 입장이다. 이에 따르면 입법자가 합법적인 절차로 제정한 법률은 그 내용이 어떻든 절대적인 법이 되며, 또한 그것은 국가 권위에 근거하여 이루어진 것이기에 국민은 이를 따라야 할 의무가 있다. 하지만 현대에 와서 합법의 외관을 쓴 전체주의로 말미암은 참혹한 세계 대전을 겪게 되자, 자연법에 대한 논의는 부흥기를 맞기도 하였다. 오늘날 자연법은 실정법이 지향해야 할 이상을 제시하는 역할에서 여전히 의의가 인정된다.

13 주어진 글의 내용과 일치하는 것을 고르면?

① 실정법은 인간의 경험에 앞서 존재하는 규범이다.
② 미국의 독립 선언에 법률실증주의가 영향을 주었다.
③ 서구의 근대적 법체계에는 평등의 이념이 담겨 있다.
④ 중세의 신학에서는 신의 법에 인간의 이성을 관련시키지 않았다.
⑤ 프랑스 대혁명에서 저항권은 인간의 기본적 권리로 인정되지 않았다.

14 문맥상 ㉠과 바꿔 쓰기에 가장 적절한 단어를 고르면?

① 가늠할   ② 가져올   ③ 기다릴
④ 떠올릴   ⑤ 헤아릴

15 다음 글을 읽고 첫 번째 문단 뒤에 이어질 (가)~(라)를 문맥에 맞게 배열한 것을 고르면?

우리는 기술 결정론적인 전망에 서 있는 정보 사회관을 경계해야 할 것이다. 테크놀로지의 변화를 곧바로 사회관계의 근본적인 변화로 연결시키는 것은 다분히 섣부르고도 위험한 발상이라고 할 수 있다. 테크놀로지의 획기적인 발전이 사회관계의 변화에 영향을 미치기는 하겠지만 그것만이 유일한 결정 요인도 아니고, 또 그것이 가장 핵심적인 결정 요인도 아니다. 모든 사회관계 변화의 중심에는 정치적·경제적 권력이 놓여 있다. 테크놀로지는 그러한 권력이 동원하는 자원에 불과한 것이며 매개변수에 지나지 않는다.

(가) 한편 자본주의 사회 구조에서 출발하여 정보 테크놀로지의 발전을 설명하는 사회 구조론적 관점은 자본주의 사회의 기축 원리와 세력 관계를 통해 정보 테크놀로지의 개발·이용 과정을 설득력 있게 묘사하고 있다. 그러나 이 관점의 경우에도 현재적이든 잠재적이든 테크놀로지의 발전으로 인해 발생 가능한 이득을 별반 고려하지 않는다는 데 문제가 있다. 현실을 설명하는 논리로서는 일정한 유관 적합성을 지니고 있지만, 현실을 개선하고 교정할 수 있는 방법론은 별반 제공하지 못하고 있다고 볼 수 있다. 특히 테크놀로지의 발전이 일정하게 대항의 기술적 가능성도 열어 주고 있다는 점에 대해서는 전혀 지적하지 않고 있다. 정보화 과정에서 생겨날 수 있는 시민 사회의 성장과 활성화, 국제적 연대에 의한 대항 운동의 가능성, 정부의 보편적 서비스 정책에 의한 일정한 개선의 여지 등을 고려하지 못한다는 점도 한계이다.

(나) 이런 점에서 볼 때, 기술 결정론적 관점과 사회 구조론적 관점의 어느 극단을 취하는 것은 문제의 여지가 있다고 할 수 있다. 따라서 정보 통신 기술의 발전과 정보화의 진행이 선진 자본주의의 국가와 자본 그리고 초국적 기업에 의해 주도되고 있다는 사회 구조론적 관점을 취하되, 대항과 개선의 여지가 일국적 차원에서든 국제적 차원에서든 일정하게 존재한다는 입장에 설 필요가 있을 것이다. 이런 점에서 '기술의 사회적 형성론'을 주목할 필요가 있다. 이 시각에서는 기술이 사회를 일방적으로 결정하는 것이 아니라 기술 자체도 기존의 사회 세력 관계 및 조건에 따라 결정된다고 본다.

(다) 기술 결정론적 입장에 서게 되면 사회 세력 간의 다양한 관계를 읽을 수 없게 된다. 기술 결정론은 개인의 경제적 능력이나 계급적 지위상의 불평등, 지역과 국가 간의 불균등한 발전에 대해서는 적절한 설명을 하지 못하는 한계성을 지니고 있다. 정보화 과정이나 정보 테크놀로지의 발전 과정에서 발생하는 갈등과 알력, 이해관계의 충돌을 고려하지 않는 이론은 하나의 이데올로기일 뿐이다. 특히 기술 결정론이 안고 있는 낙관론적이고 유토피아적인 경향은 냉엄한 국제 관계 그리고 세계 경제의 무차별적인 경쟁을 전혀 고려하고 있지 않은 것으로 보일 정도이다.

(라) 테크놀로지는 기본적으로 기존의 사회 구조적 조건 및 사회 세력 관계에 조응하여 발전하는 것이지만, 그런 과정에서 역으로 테크놀로지가 일정하게 사회 구조에 영향을 미칠 수도 있을 것이다. 이런 점에서 테크놀로지는 특정 사회의 사회 구조적 조건 속에서 배태되고 발전하는 것이지만 그 과정에서 사회 구조와 테크놀로지의 상호 작용이 존재하기도 할 것이다. 이 이론에 따르면 특정 정보 기술의 출현과 확산을 이해하기 위해서는 반드시 그 정보 기술이 배태되고 사용되는 특정 사회를 이해하지 않으면 안 된다.

① (가) - (나) - (다) - (라)
② (가) - (라) - (다) - (나)
③ (다) - (가) - (나) - (라)
④ (라) - (가) - (다) - (나)
⑤ (라) - (나) - (가) - (다)

16 다음 글을 읽고 (가)~(라)의 중심내용으로 적절하지 <u>않은</u> 것을 [보기]에서 모두 고르면?

> (가) 교통·통신의 발달을 바탕으로 급속하게 진전된 정보화와 세계화 속에서 도시 체계는 이
> 전과 다른 방향으로 급변하고 있다. 이에 따라 도시 연구에서 오랫동안 주류로 자리 잡아
> 왔던 중심지 이론으로는 현대 도시 체계의 새로운 경향을 설명하는 데 충분치 않게 되었
> 다. 이에 대체 이론들이 부상하게 되는데, 네트워크 도시 체계론이 그중 하나이다.
>
> (나) 1930년대에 크리스탈러에 의해 체계화되고 후학들에 의해 발전해 온 중심지 이론에서는
> 접근성과 집적의 개념이 중요했다. 다양한 재화와 서비스를 다량으로 제공하는 최고차
> 중심지를 정점으로 여타의 중심지들이 포섭되는 양상이 이상적인 도시 체계라고 보았던
> 것이다. 따라서 중심지 체계에서 도시는 중심성과 규모가 중요하고, 최고차 중심지를 정
> 점으로 여타의 중심지가 계층을 이루면서 조직화되며, '최고차 → 차상 → 차하'로의 일
> 방적 흐름과 관련된 수직적 접근성이 중요하다. 이에 따라 개별 도시의 미래는 더욱 높은
> 집적과 더불어 지리적 팽창 및 상위 단계 중심지로의 접근성에 의해 결정된다고 보았다.
>
> (다) 하지만 이제 세계 경제는 정보화와 세계화를 통해 형성된 전 세계적인 네트워크를 이용
> 하여 지구 구석구석에 분산되어 있는 인력과 자원을 활용하는 방향으로 발전하고 있다.
> 그 결과 거리상의 접근성과 집적 개념만으로 도시 체계를 설명하기가 점점 더 어려워지
> 고 있다. 개별 도시의 유지와 발전은 도시의 규모나 공간적 차원의 접근성보다는 세계 경
> 제 네트워크에 어떻게 연결되어 있으며 어떠한 역할을 수행하는가가 관건이 되고 있다.
>
> (라) 네트워크 도시 체계론을 대표하는 배튼은 1995년에 네트워크 체계에서 성장하는 도시군
> 을 '네트워크 도시(network city)'라 명명한 바 있다. 그에 따르면, 네트워크 도시는 2개
> 나 그 이상의 독립적인 도시들이 교통·통신 시설에 의해 기능상 상호 보완적으로 협력할
> 때 생길 수 있다고 하였다. 네트워크 도시에서는 도시들 간의 협력으로 생산 시설이나 판
> 매망 등을 공동으로 이용함으로써 비용은 줄어들고 효율은 높아지게 된다. 네트워크 도
> 시는 도시와 도시가 교통·통신 인프라를 통해 상호 연결되는 형태를 띤다. 이는 중심지
> 에 집적함으로써 이윤을 창출하던 단핵 도시나 회랑 도시와는 구별된다. 한 도시 내의 집
> 적 경제에 의존하던 시기에는 단핵 도시 체계가 형성되었으며, 이러한 경제 활동이 더욱
> 커지면서 지리적으로 인접해 있을 뿐 독립해 있던 도시들이 서로 팽창하여 이어짐으로써
> 회랑 도시 체계가 형성되었다. 이에 반해 네트워크 도시는 독립적인 도시들이 다중심(多
> 中心)을 이루며 형성된다.

┤ 보기 ├

○ (가): 도시 연구에서 대체 이론으로 부상한 네트워크 도시 체계론을 소개하고 있다.
© (나): 중심지 이론의 개념을 설명하고, 이론의 문제점을 분석하고 있다.
© (다): 네트워크 도시 체계론이 등장하게 된 배경을 제시하고 있다.
@ (라): 네트워크 도시의 개념과 문제점을 설명하고 있다.

① ○, ©   ② ○, ©   ③ ©, ©
④ ©, @   ⑤ ©, @

17 다음 [표]는 연령대별 스마트폰 과의존위험군 현황에 관한 자료이다. 이에 대한 설명으로 옳은 것을 고르면?

[표1] 연도 및 연령대별 스마트폰 과의존위험군 현황 (단위: %)

구분	2016년	2017년	2018년	2019년	2020년
3~9세	17.9	19.1	20.7	22.9	27.3
10대	30.6	30.3	29.3	30.2	35.8
20대	16.1	17.4	18.1	18.8	30.4
30대	22.3	23.6	24.0	25.2	22.7
40대	15.8	17.2	18.2	18.9	19.5
50대	14.0	15.4	16.2	16.8	17.7
60대	13.0	14.1	15.1	15.6	16.8

[표2] 2020년 연령대별 스마트폰 과의존위험군 세부 현황 및 일반사용자군 현황 (단위: %)

구분	과의존위험군			일반사용자군
	소계	고위험군	잠재적위험군	
3~9세	27.3	3.7	23.6	72.7
10대	35.8	5.0	30.8	64.2
20대	30.4	4.9	25.5	69.6
30대	22.7	4.1	18.6	77.3
40대	19.5	3.6	15.9	80.5
50대	17.7	3.4	14.3	82.3
60대	16.8	3.2	13.6	83.2

① 2020년 50대 일반사용자군은 과의존위험군의 약 4.3배이다.
② 매년 과의존위험군의 비율이 전년 대비 증가한 연령대는 6개이다.
③ 2020년 모든 연령대의 잠재적위험군은 고위험군의 4.5배 이상이다.
④ 2020년 30대 과의존위험군에서 고위험군이 차지하는 비중은 약 18.1%이다.
⑤ 2020년 과의존위험군은 모든 연령대에서 4년 전 대비 5%p 이상 증가했다.

18 다음 [표]는 연도별 석유수급 현황에 관한 자료이다. 이에 대한 설명으로 옳은 것을 [보기]에서 모두 고르면?

[표] 연도별 석유수급 현황   (단위: 천 배럴)

구분		2016년	2017년	2018년	2019년	2020년
원료	원유수입량	1,078,119	1,118,167	1,116,281	1,071,923	980,259
	정제투입량	1,071,731	1,117,376	1,106,266	1,064,210	980,379
제품공급	제품생산량	1,157,612	1,229,652	1,258,874	1,250,710	1,159,002
	제품수입량	334,608	314,487	341,628	352,147	347,376
제품수요	제품내수량	924,200	940,084	934,802	931,947	877,179
	국제방카링	62,494	59,136	58,000	54,574	59,082
	제품수출량	487,716	509,113	531,563	522,099	468,529
재고	제품재고	50,203	51,921	62,815	54,770	53,565
	원료재고	7,262	8,661	8,856	8,761	8,585

┤ 보기 ├

㉠ 2020년 제품내수량은 4년 전 대비 47,021천 배럴 감소했다.

㉡ 원료, 제품공급, 제품수요, 재고는 모두 2017년에 그 수치가 가장 컸다.

㉢ 2018년에 전년 대비 수치가 감소한 세부 항목은 4개이다.

㉣ 2019년 원료재고는 3년 전 대비 약 21.5% 증가했다.

① ㉠, ㉡   ② ㉠, ㉢   ③ ㉢, ㉣
④ ㉠, ㉡, ㉢   ⑤ ㉠, ㉢, ㉣

19 다음 [그래프]는 2021년 4분기 형법범 발생건수 및 검거건수에 관한 자료이다. 이에 대한 설명으로 옳지 <u>않은</u> 것을 고르면?

[그래프1] 2021년 4분기 형법범 발생건수 (단위: 건)

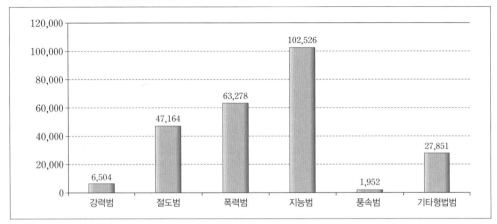

[그래프2] 2021년 4분기 형법범 검거건수 (단위: 건)

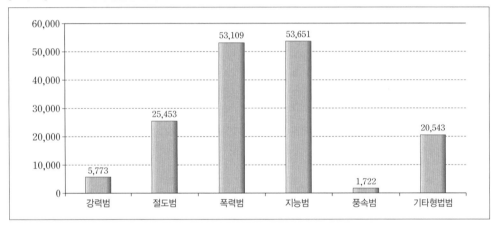

① 2021년 4분기 폭력범 검거율은 약 83.9%이다.
② 2021년 4분기 형법범 검거건수는 총 150,251건이다.
③ 2021년 4분기 절도범 발생건수는 강력범 발생건수의 약 7.3배이다.
④ 2021년 4분기 형법범 검거건수 중 지능범 검거건수가 차지하는 비중은 약 33.5%이다.
⑤ 2021년 4분기 형법범 발생건수가 많은 범죄 항목 순서는 형법범 검거건수가 많은 범죄 항목 순서와 같다.

20 다음 [그래프]는 연도별 1인당 온실가스 배출량에 관한 자료이다. 2015년 1인당 온실가스 배출량의 전년 대비 증가율이 2016년 1인당 온실가스 배출량의 전년 대비 증가율보다 0.15%p 낮을 때, 2014년 1인당 온실가스 배출량을 고르면?(단, 백분율 계산 시 소수점 셋째 자리에서 반올림하여 계산한다.)

[그래프] 연도별 1인당 온실가스 배출량   (단위: tCO_2-eq/명)

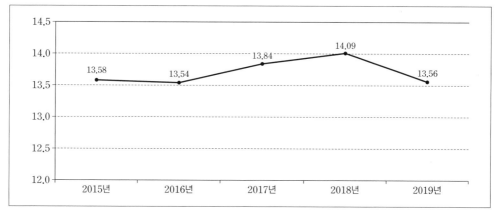

① 12.12tCO_2-eq/명
② 12.86tCO_2-eq/명
③ 13.64tCO_2-eq/명
④ 13.88tCO_2-eq/명
⑤ 14.21tCO_2-eq/명

21 다음 [표]는 도별 주택착공실적에 관한 자료이다. 이를 그래프로 표현한 것으로 옳지 <u>않은</u> 것을 고르면?

[표] 도별 주택착공실적

(단위: 호)

구분	7월	8월	9월	10월	11월	12월
강원	1,793	497	3,463	1,800	1,673	1,635
충북	371	2,035	2,297	2,206	350	6,537
충남	5,236	1,300	2,505	1,858	3,940	3,765
전북	809	398	300	995	3,923	12,162
전남	2,627	2,328	2,907	1,542	1,739	5,542
경북	1,764	1,304	2,534	5,683	4,015	5,634
경남	2,250	630	3,183	5,635	2,578	3,632
제주	409	408	344	338	665	1,446

① 전월 대비 강원 주택착공실적 증가량

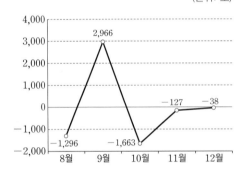

② 전월 대비 전남 주택착공실적 증가량

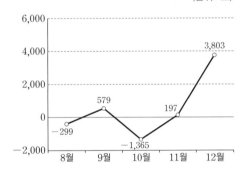

③ 전월 대비 제주 주택착공실적 증가량

④ 전월 대비 충북 주택착공실적 증가량

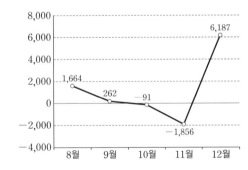

⑤ 전월 대비 경북 주택착공실적 증가량

(단위: 호)

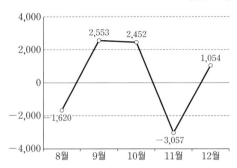

22 다음 [표]는 연도별 건강보험 및 의료급여 수술 현황에 관한 자료이다. 의료급여 진료비가 가장 많은 연도의 총수술인원 대비 입원일수를 고르면?(단, 소수점 둘째 자리에서 반올림하여 계산한다.)

[표1] 연도별 건강보험 수술 현황
(단위: 명, 건, 일, 천 원)

구분	2016년	2017년	2018년	2019년	2020년
수술인원	347,043	350,587	355,597	365,402	353,612
수술건수	382,142	392,811	386,687	395,028	383,465
입원일수	3,045,295	3,077,965	3,088,172	3,117,754	2,986,483
급여일수	5,616,634	5,761,203	5,866,366	6,034,326	5,906,321
진료비	867,117,004	914,460,901	991,187,239	1,091,136,203	1,148,942,900
급여비	694,849,847	742,313,207	805,339,322	882,435,109	922,845,980

[표2] 연도별 의료급여 수술 현황
(단위: 명, 건, 일, 천 원)

구분	2016년	2017년	2018년	2019년	2020년
수술인원	13,635	13,351	13,348	13,546	12,982
수술건수	14,882	14,646	14,735	14,947	14,273
입원일수	192,340	180,316	185,456	184,658	174,652
급여일수	326,655	308,232	322,884	328,938	316,950
진료비	47,165,982	47,888,898	51,213,787	56,144,226	56,428,647
급여비	46,765,915	47,233,193	50,481,412	55,157,914	55,211,041

① 8.2일　　　　　　　② 8.6일　　　　　　　③ 9.0일
④ 9.3일　　　　　　　⑤ 9.7일

23 다음은 제로에너지건축물 인증에 관한 자료이다. 이를 기준으로 A건축물의 건축기준 최대 완화 비율로 가장 적절한 것을 고르면?

제로에너지건축물(ZEB, Zero Energy Building)이란 건축물에 필요한 에너지부하를 최소화하고 신에너지 및 재생에너지를 활용하여 에너지 소요량을 최소화하는 녹색건축물을 뜻한다. 에너지 자립률에 따라 1~5등급까지 제로에너지건축물 인증을 부여한다.

○ 제로에너지건축물 인증 기준

ZEB 등급	에너지 자립률
1등급	에너지 자립률 100% 이상
2등급	에너지 자립률 80% 이상 100% 미만
3등급	에너지 자립률 60% 이상 80% 미만
4등급	에너지 자립률 40% 이상 60% 미만
5등급	에너지 자립률 20% 이상 40% 미만

○ 에너지 자립률 산정방식

$$\text{에너지 자립률(\%)} = \frac{\text{단위 면적당 1차 에너지 생산량}(kWh/m^2 \cdot \text{년})}{\text{단위 면적당 1차 에너지 소비량}(kWh/m^2 \cdot \text{년})} \times 100$$

○ 제로에너지건축물 인센티브: 용적률, 건축물의 높이 등 건축기준 완화

ZEB 등급	건축기준 최대 완화 비율
1등급	15%
2등급	14%
3등급	13%
4등급	12%
5등급	11%

[표] A건축물의 정보

면적(m^2)	월 평균 1차 에너지 생산량(kWh)	월 평균 1차 에너지 소비량(kWh)
800	10.4	16.8

① 11% ② 12% ③ 13%
④ 14% ⑤ 15%

24 다음 [표]는 대전광역시의 부동산 중개수수료 요율표에 관한 자료이다. 이를 바탕으로 [보기]의 A~E 중 부동산 거래내역에 대한 중개수수료가 바르게 짝지어진 사람을 고르면?

[표] 대전광역시 부동산 중개수수료 요율표

거래내용	거래금액	상한요율	한도액
매매 · 교환	5천만 원 미만	1천분의 6	250,000원
	5천만 원 이상 2억 원 미만	1천분의 5	800,000원
	2억 원 이상 6억 원 미만	1천분의 4	
	6억 원 이상 9억 원 미만	1천분의 5	
	9억 원 이상	1천분의 6	
임대차 등 (매매 · 교환 이외의 거래)	5천만 원 미만	1천분의 5	200,000원
	5천만 원 이상 1억 원 미만	1천분의 4	300,000원
	1억 원 이상 3억 원 미만	1천분의 3	
	3억 원 이상 6억 원 미만	1천분의 4	
	6억 원 이상	1천분의 5	

※ 중개보수는 거래금액에 협의요율을 곱한 금액으로 하되, 중개보수가 한도액을 초과하는 경우에는 한도액으로 한다.

─| 보기 |─

• A~E의 부동산 거래내역은 다음과 같다.

구분	거래내용	거래금액	협의요율	중개수수료
A	매매	700,000,000원	0.6%	3,500,000원
B	매매	45,000,000원	0.5%	250,000원
C	임대차	160,000,000원	0.4%	640,000원
D	임대차	90,000,000원	0.4%	360,000원
E	매매	1,100,000,000원	0.6%	660,000원

① A ② B ③ C
④ D ⑤ E

25 다음은 농지보전부담금 안내에 관한 자료이다. 이에 대한 설명으로 옳은 것을 고르면?

농지보전부담금이란 영농규모 적정화, 농지의 집단화, 농지의 조성 및 농지의 효율적 관리에 필요한 자금을 조달 및 공급하기 위하여 설치한 농지관리기금의 재원으로 농지를 전용하는 자에게 부과한다. 농지보전부담금의 m²당 금액은 부과기준일 현재 가장 최근에 공시된 해당 농지의 개별공시지가의 100분의 30으로 한다.

※ 산출식 = 허가면적(m²) × 전용농지의 개별공시지가(원/m²) × 30%
농지보전부담금의 m²당 상한금액은 50,000원으로 한다.

○ 부과결정권자: 농지전용허가(협의)권자
다음의 경우에는 모두 시장·군수·구청장이 부과결정권자임
  – 농지전용의 신고를 수리하는 경우
  – 주거지역·상업지역·공업지역 또는 도시관리계획시설로 지정 또는 결정된 지역
○ 납부통지
  – 농지보전부담금의 원활한 징수 및 관리를 위하여 수납 등에 관한 업무를 농지관리기금의 운용·관리업무를 위탁받은 한국농어촌공사가 대행
  – 한국농어촌공사는 관할청의 농지보전부담금 부과결정 통보 내용에 따라 납입금액 및 산출근거, 납입기한과 납입장소를 명시한 납부통지서를 납입의무자에게 송부함
○ 납부기한
  – 농지보전부담금 납부통지서 발행일로부터 농지전용허가 또는 농지전용신고 전까지 납부해야 함
  – 다른 법률에 따라 농지전용허가 또는 농지전용신고가 의제되는 인가·허가·승인 등을 포함
  ※ 농지전용허가 등을 받으려는 경우에는 농지보전부담금을 미리 납부하여야 함
○ 분할납부 대상
  – 공공기관과 지방공기업이 산업단지의 시설용지로 농지를 전용하는 경우
  – 사업시행자(국가와 지방자치단체 제외)가 도시개발사업(환지방식)의 부지로 농지를 전용하는 경우
  – 개발사업시행자(지방자치단체 제외)가 관광지 또는 관광단지의 시설용지로 농지를 전용하는 경우
  – 중소기업을 영위하려는 자가 중소기업의 공장용지로 농지를 전용하는 경우
  – 공장의 설립 등의 승인을 받으려는 자가 공장용지로 농지를 전용하는 경우
  – 개인의 경우 건당 2천만 원, 개인 이외의 경우에는 건당 4천만 원 이상인 경우
○ 분할납부 신청방법
  – 농지보전부담금을 나누어 납부하려는 자는 농지전용허가 등의 신청 시에 농지보전부담금 분할납부신청서를 관할청에 제출하여야 함
  – 신청한 내용을 변경하려는 경우에는 농지전용허가 등 신청일부터 허가 등 후 30일까지 농지보전부담금 분할납부 변경신청서를 관할청에 제출
○ 납입보증보험증서 등 보증서 예치
  – 농지보전부담금을 분할납부하는 경우에는 납부하여야 할 농지보전부담금의 100분의 30을 해당 농지전용허가 또는 농지전용신고 전에 납부하고 분할 잔액은 부과기준일로부터 4년의 범위 내에서 4회 이내로 나누어 낼 수 있으며, 최종 납부일은 해당 목적사업의 준공일 이전이어야 함

- 분할 잔액에 대해서는 허가 등을 한 날부터 30일까지 농지보전부담금의 수납업무를 대행하는 한국농어촌공사를 수취인으로 하여 발행한 보증서 등을 예치하여야 함
- 보증서 등의 보증기간은 분할 납부하는 농지보전부담금의 각각의 납부기한에 30일을 가산한 기간을 기준으로 하며, 보증금액은 해당 농지보전부담금의 100분의 110 이상의 금액으로 함

○ 분할납부 승인 취소 및 체납에 따른 중가산금 부과
- 농지보전부담금을 나누어 내려는 자가 예치기한 안에 보증서를 예치하지 아니한 때에는 분할납부 승인을 취소하고, 독촉장 발부, 가산금 및 중가산금을 부과 징수를 함
- 체납된 농지보전부담금에 대해 3%의 가산금을 부과하며, 1개월이 지날 때마다 1.2%씩 중가산금(최고 60개월까지)을 부과함

① 농지의 허가면적이 3,000m²이고, 전용농지의 개별공시지가가 58,000원/m²인 경우 농지보전부담금은 1,500만 원이다.
② 농지보전부담금의 수납은 시·군·구청에서 관리한다.
③ A도 B군 상업지역 농지의 농지보전부담금의 부과결정권자는 A도의 도지사뿐이다.
④ 농지보전부담금을 일시에 지불하는 경우 해당 사업의 준공일 이전까지 납부해야 한다.
⑤ 법인이 농업용지로 농지를 전용하고, 농지보전부담금이 3,000만 원인 경우 농지전용허가 또는 신고 전에 완납해야 한다.

[26~27] 다음은 디딤돌 대출에 관한 안내이다. 이를 바탕으로 질문에 답하시오.

디딤돌 대출이란 정부지원 3대 주택 구입자금을 하나로 통합한 저금리 구입자금대출이다.

○ 대출 대상: 대출 대상주택을 구입하고자 하는 자로서 다음 각 호의 요건을 모두 구비한 자
  1. 주택을 취득하기 위하여 주택매매계약을 체결한 자(상속, 증여, 재산분할로 주택을 취득하는 경우 불가)
  2. 대출신청일 현재 세대주로서 세대주를 포함한 세대원 전원이 무주택으로 단독세대주를 포함하되, 만 30세 미만의 단독세대주는 대출 제외
  3. 대출신청인과 배우자의 합산 총소득이 연간 6천만 원(생애최초주택구입자, 신혼가구, 2자녀 이상 가구는 연간 7천만 원) 이하인 자
  4. 순자산가액 3.94억 원 이하인 자

○ 대출 금리

[표] 소득수준(부부합산 연소득)별 대출 금리   (단위: %)

구분	10년	15년	20년	30년
2천만 원 이하	연 1.85	연 1.95	연 2.05	연 2.10
2천만 원 초과 4천만 원 이하	연 2.00	연 2.10	연 2.20	연 2.25
4천만 원 초과 7천만 원 이하	연 2.15	연 2.25	연 2.35	연 2.40

※ 금리는 고정금리 또는 5년 단위 변동금리(국토교통부 고시)이다.
  1. 금리우대(중복 적용 불가)
    – 연소득 6천만 원 이하 한부모가구 연 0.5%p
    – 다문화가구, 장애인가구, 신혼가구 및 생애최초주택구입자 연 0.2%p
  2. 추가금리우대(중복 적용 가능)
    ① 청약(종합)저축 가입자(본인 또는 배우자)
      – 가입기간 1년 이상이고 12회 이상 납입한 경우: 연 0.1%p 금리우대
      – 가입기간 3년 이상이고 36회 이상 납입한 경우: 연 0.2%p 금리우대
      – 청약(종합)저축 가입자 민영주택 청약 지역별 최소 예치금액 납입이 완료된 날로부터 1년 이상 0.1%p, 3년 이상 0.2%p
    ② 부동산 전자계약 체결 연 0.1%p
    ③ 다자녀가구 연 0.7%p, 2자녀가구 연 0.5%p, 1자녀가구 연 0.3%p
  ※ 우대금리 적용 후 최종금리가 연 1.5% 미만인 경우에는 연 1.5%로 적용
  ※ 자산심사 부적격자의 경우 가산금리 부과

○ 대출 한도: 최고 2억 원 이내(LTV, DTI 적용, 신혼가구 2.2억 원 이내, 2자녀 이상 가구 2.6억 원 이내, 만 30세 이상의 미혼 단독세대주인 경우 최대금액 1억 5천만 원)
  – DTI(소득대비 부채비율) 60% 이내, LTV(주택담보대출비율) 70% 이내
  – 매매(분양)가격 이내로 하되, 대출총액은 (본건 내집마련 디딤돌 대출＋국민주택건설자금＋중도금대출＋기금대출)은 매매가격을 초과할 수 없음
  – 대출금액＝[(담보주택 평가액×LTV)－선순위채권－임대보증금 및 최우선변제소액임차보증금]

○ 대출 대상주택: 주거 전용면적이 85㎡(수도권을 제외한 도시지역이 아닌 읍 또는 면 지역은 100㎡) 이하 주택으로 대출 신청일 현재 담보주택의 평가액이 5억 원 이하인 주택

○ 대출 신청시기: 소유권이전등기를 하기 전에 신청. 다만, 소유권이전등기를 한 경우에는 이전등기 접수일로부터 3개월 이내까지 신청 가능

○ **중도상환수수료:** 중도상환수수료는 3년 이내에 중도상환된 원금에 대하여 대출실행일로부터 경과일수별로 1.2% 한도 내에서 부과

  ※ 중도상환수수료＝중도상환원금×중도상환수수료율(1.2%)×{(3년−대출경과일수)÷3년}

26 주어진 자료에 관한 설명으로 옳지 <u>않은</u> 것을 [보기]에서 모두 고르면?

┤ 보기 ├
ㄱ. 재산분할로 주택을 취득하는 경우에는 디딤돌 대출을 받을 수 없다.
ㄴ. 전라남도 면 지역의 평가액이 6억 원이고, 주거 전용면적이 90m²인 주택은 디딤돌 대출을 받을 수 있다.
ㄷ. 외벌이이고, 대출신청인의 합산 총소득이 연 6,800만 원인 신혼가구는 디딤돌 대출을 받을 수 없다.
ㄹ. 만 28세의 공동세대주는 디딤돌 대출을 받을 수 있다.

① ㄱ, ㄴ   ② ㄱ, ㄹ   ③ ㄴ, ㄷ   ④ ㄷ, ㄹ   ⑤ ㄴ, ㄷ, ㄹ

27 다음은 디딤돌 대출에 관한 Q&A이다. 질문에 대한 답변이 적절하지 <u>않은</u> 것을 고르면?

① Q: 우리 부부는 합산 소득이 7천만 원이고, 3자녀가구입니다. 생애최초로 주택을 구입하였고 15년 만기로 대출을 하려고 하면 대출 금리가 얼마인가요?

   A: 연 금리는 2.25%입니다. 그런데 생애최초주택구입자이므로 연 0.2%p, 3자녀가구이므로 연 0.7%p 우대금리를 적용하여 연 금리는 1.5%입니다.

② Q: 청약저축을 6개월 전에 가입하고, 24회를 선납부하였습니다. 배우자는 청약저축 가입기간이 5년이고, 32회 납부하였습니다. 이 경우 금리우대를 받을 수 있나요?

   A: 배우자의 청약저축 가입기간이 3년 이상이지만 납부횟수가 36회 미만이므로 연 0.1%p의 금리우대를 받으실 수 있습니다.

③ Q: 1억 8천만 원인 주택을 매매하려는 신혼가구인데, 대출을 얼마까지 받을 수 있나요?

   A: 대출 한도는 2억 원이나 신혼가구이므로 2억 2천만 원까지 대출을 받으실 수 있습니다.

④ Q: 10년 만기로 대출을 하였고, 현재 3년 6개월이 지났습니다. 대출원금 3억 원을 중도상환하고자 하는데 수수료는 얼마인가요?

   A: 중도상환수수료는 3년 이내에 중도상환된 원금에 대해 부과하는 것이므로 중도상환수수료가 부과되지 않습니다.

⑤ Q: 소유권이전등기를 이미 신청하였는데 대출이 가능한가요?

   A: 소유권이전등기를 하기 전에 신청해야 하나 이미 소유권이전등기를 한 경우에는 이전등기 접수일로부터 3개월 이내까지 신청 가능합니다.

28 다음 [표]는 주거취약계층에 대해 시장가격보다 저렴한 임대료로 임대주택을 제공하는 주거지원 사업에서 그 대상자를 선정하기 위해 활용할 수 있는 점수 배점표에 대한 두 가지의 기준안이다. 주어진 자료에 대한 [보기]의 설명 중 옳은 것만을 모두 고르면?

[표] 주거지원사업 대상자 선정 배점 기준

(단위: 점)

평가항목	A기준안		B기준안	
	평가요소	배점	평가요소	배점
당해지역 연속거주 기간	3년 이상	20	1년 이상	10
	1년 이상 3년 미만	15	6개월 이상 1년 미만	5
	6개월 이상 1년 미만	10		
동일건물 거주가구원 수 (세대주 포함)	3인 이상	20	3인 이상	30
	2인	15	2인	20
	1인	10	1인	10
소득	배점 없음		기준소득 80% 이하	60
			기준소득 80% 초과 100% 이하	30
세대주 연령	60세 이상	20	60세 이상	30
	40세 이상 60세 미만	15	40세 이상 60세 미만	20
	30세 이상 40세 미만	10	30세 이상 40세 미만	10
근로활동	최근 1년 내 6개월 이상 근속	20	최근 1년 내 6개월 이상 근속	10
	최근 1년 내 3개월 이상 6개월 미만 근속	15	최근 1년 내 3개월 이상 6개월 미만 근속	5
	최근 1년 내 1개월 이상 3개월 미만 근속	10		
사회복지 고려요소	중증장애인 가구원이 1인 이상 포함된 가구	10	중증장애인 가구원이 1인 이상 포함된 가구	10
	65세 이상 가구원이 1인 이상인 가구	10	65세 이상 가구원이 1인 이상인 가구	10
	미성년 가구원이 1인 이상인 가구 (민법상 미성년인 자녀만 해당)	10	미성년 가구원이 1인 이상인 가구 (민법상 미성년인 자녀만 해당)	10
최저주거 기준 미달 여부	전용 부엌, 화장실 모두 결여	20	배점 없음	
	전용 부엌, 화장실 중 1개 결여	10		
주거지원 필요성	주거지원이 필요한 사유	10점 범위 내에서 판정자 정성적 평가	불안정 주거기간	각 10점 범위 내에서 판정자 정성적 평가
			알콜중독, 정신질환 및 기타 반사회성 정착 가능성	
			낮은 소득으로 인한 임대료 부담 가능성	
			자활계획서의 현실성과 최대 10년 거주 이후 주거독립 가능성	

※ 기준소득은 도시근로자 평균소득의 50%를 뜻함

┌─ 보기 ├──

⊙ 혼자 사는 단독가구의 거주인과 여럿이 함께 사는 거주인 사이의 배점 차이는 A기준안보다
  B기준안에서 더 크다.

ⓛ 주거비 부담 능력이 높은 대상자가 주거지원사업 대상자로 선정될 가능성이 상대적으로 높
  다는 비판의 소지는 A기준안에서 더 크게 나타난다.

ⓒ 다른 조건을 고려하지 않을 때, 동갑인 아내와 단둘이 전용 화장실이 없는 당해지역의 주택
  에서 5년간 연속으로 거주하는 42세 남성인 세대주의 경우, 두 안에 따른 배점 차이는 없다.

ⓔ 다른 조건을 고려하지 않을 때, 쪽방에 단신으로 거주하는 59세 남성이 만성적 질환으로 근
  로능력이 취약하여 소득이 없다면, A기준안에 따를 경우보다 B기준안에 따를 경우에 더 높
  은 배점을 받는다.

└──

① ㉠, ㉡   ② ㉠, ㉢   ③ ㉢, ㉣

④ ㉠, ㉡, ㉣   ⑤ ㉡, ㉢, ㉣

[29~30] 다음은 복합기 업체의 시리얼 넘버 생성 규칙에 관한 내용이다. 이를 바탕으로 질문에 답하시오.

시리얼 넘버 부여 방식

[생산연월]−[생산지역]−[제품종류]−[생산순서]

㉾ 2019년 4월 한국 1공장에서 1,111번째로 생산된 Africo 복합기의 시리얼 넘버
→ 190401ANA00101111

생산연월	생산지역				제품종류				생산순서
	국가코드		생산라인코드		상품코드		상세 분류코드		
• 2019년 4월 → 1904 • 2019년 7월 → 1907 • 2019년 10월 → 1910 • 2020년 1월 → 2001 • 2020년 4월 → 2004	01	한국	AN	1공장	A	Africo	0010	복합기	• 0001부터 시작하여 각 생산지역의 제품종류별 생산순서대로 4자리의 번호가 매겨짐 • 생산연월이 바뀌면 0001부터 새로 시작함
			BO	2공장			0020	프린터	
	02	미국	CP	1공장			0030	3D프린터	
	03	중국	DQ	1공장	B	DMwox	0040	복합기	
			ER	2공장			0050	프린터	
			FS	3공장			0060	3D프린터	
			GT	4공장					
	04	일본	HU	1공장	C	STcopy	0070	복합기	
							0080	프린터	
							0090	3D프린터	
	05	멕시코	IV	1공장	D	ECOcopy	0100	복합기	
			JW	2공장			0110	프린터	
	06	필리핀	KX	1공장	E	Hybrid	0120	3D프린터	
			LY	2공장			0130	복합기	
			MZ	3공장					

29 주어진 자료를 참고할 때, 시리얼 넘버 '200904HUC00900894'에 대한 설명으로 옳은 것을 고르면?

① 해당 제품은 STcopy 일반 프린터이다.
② 해당 제품은 2009년 4월에 생산되었다.
③ 해당 제품은 일본 1공장에서 생산되었다.
④ 해당 제품은 지금까지 1,000대 이상 생산되었다.
⑤ 해당 제품까지만 생산하고, 그 후로는 생산을 중단하였다.

30 주어진 자료에 대한 설명으로 옳지 <u>않은</u> 것을 [보기]에서 모두 고르면?

┤ 보기 ├
㉠ 생산지역의 국가코드가 다르면 생산라인코드도 다르다.
㉡ 제품종류의 상세 분류코드가 다르면 상품코드도 다르다.
㉢ 시리얼 넘버를 통해 제품의 생산연월일, 생산국가를 모두 알 수 있다.
㉣ '220501BOE01301294'가 '220501BOE0130'로 시작하는 시리얼 넘버 중 마지막 네 자리 숫자가 가장 큰 시리얼 넘버라면, 2022년 5월에 이 복합기 업체에서 생산된 Hybrid 복합기는 총 1,294대이다.

① ㉠, ㉡   ② ㉡, ㉢   ③ ㉢, ㉣
④ ㉠, ㉡, ㉣   ⑤ ㉡, ㉢, ㉣

31 다음 [조건]과 같이 A, B, C가 걸어갈 때, C의 속력을 고르면?(단, 소수점 둘째 자리에서 반올림하여 계산한다.)

┤ 조건 ├
- 학교와 학원은 일직선상에 위치하며 거리는 5.76km이다.
- A와 C는 학교에서 학원으로 걸어간다.
- B는 학원에서 학교로 걸어간다.
- A의 속력은 3km/h, B의 속력은 4.2km/h이다.
- A와 B는 동시에 출발하며, C는 A가 출발한 지 15분 뒤에 출발한다.
- A, B, C는 동시에 같은 지점에서 만난다.

① 3.8km/h ② 4.0km/h ③ 4.2km/h
④ 4.4km/h ⑤ 4.7km/h

32 다음 [조건]과 같이 주사위를 던질 때, [조건]을 만족하는 경우의 수를 고르면?

┤ 조건 ├
- 주사위는 3번을 연속으로 던진다.
- 주사위 눈의 합은 12이다.

① 12가지 ② 13가지 ③ 24가지
④ 25가지 ⑤ 28가지

33 다음 [조건]과 같이 물건을 판매할 때, 물건의 정가를 고르면?

┤ 조건 ├
- 정가는 원가에 10%의 이익을 붙인 가격이다.
- 정가에서 15% 할인하여 판매했을 때, 2,275원의 손실이 발생했다.

① 31,500원   ② 35,000원   ③ 38,500원
④ 40,000원   ⑤ 41,500원

34 승민이는 중간고사에서 다음 [조건]과 같이 점수를 받았다. 승민이의 중간고사 평균 점수를 고르면?

┤ 조건 ├
- 중간고사 과목은 국어, 영어, 수학, 사회, 과학이다.
- 모든 점수는 정수이다.
- 사회 점수는 과학 점수보다 3점 높다.
- 영어 점수와 수학 점수의 평균은 87점이다.
- 국어 점수는 영어 점수보다 1점 낮다.
- 평균 점수는 사회 점수와 같다.
- 각 과목의 점수는 80점 이상 92점 이하이다.
- 영어 점수가 가장 높다.
- 각 과목의 점수는 모두 동점이 아니다.

① 83점   ② 84점   ③ 87점   ④ 89점   ⑤ 90점

문명이 시작되면서 인간은 자연을 이용하여 자신의 의도와 계산대로 소출을 거두어들이는 방법을 터득하게 되었으며, 신석기 시대를 거치면서 잉여 생산물까지 거둘 수 있었다. 인간은 이 잉여 생산물을 바탕으로 생계 활동에서 해방되어 다른 일에 전념할 수 있게 되었다. 이에 따라 다양한 직종들이 분화되기 시작했고, 도시가 형성되었다. 문명이 발생하고 전개되어 온 과정에서 도시는 변화와 혁신의 거점이었다.

산업화가 진행되면서 도시는 한층 더 강력한 구심력을 발휘하였다. 산업화 이전까지 인간이 자연으로부터 끌어낸 에너지의 8할은 바람이나 물 또는 가축의 힘처럼 순환하는 것이었다. 그런데 공업화 사회에서 거대한 기계 문명이 건설되면서 인간은 화석 연료와 같은 재생 불가능한 에너지를 주로 사용하였다. 말하자면 근대 이전까지 인류는 이자만 가지고 살아왔는데, 이후부터는 원금까지 까먹기 시작한 셈이다. 게다가 도시는 대량 생산 체제와 맞물려 대기와 수질 오염 등으로 생태계에 걷잡을 수 없는 혼란을 가져왔다. 농경 사회에서 인간이 자연에 가했던 영향을 산들바람에 비유한다면, 산업화 사회의 도시가 미치는 영향은 폭풍에 비유할 수 있다. 지금도 도시는 주변의 사람들과 자원들을 왕성하게 빨아들이고 있다.

에너지라는 관점에서 도대체 도시란 무엇인가? 근대 이전에 대부분의 도시는 그 규모 면에서 일정한 한계를 넘어서지 못했다. 고대 아테네나 레오나르도 다빈치 당시의 피렌체는 인구 5만 명 남짓의 소도시였다. 16세기 후반까지도 유럽 도시는 대부분 2만 명 정도를 수용하고 있었다. 여기서 예외가 되는 도시는 바로 로마였다. 전성기에 이르렀을 때 로마는 백만 명 가까운 인구를 거느리고 있었다. 당시의 농업 생산력으로 그 정도의 인구를 한 도시에서 수용하는 것은 능력이 부치는 일이었다. 그런데도 그것이 가능했던 것은 주변의 광활한 영토를 식민지화하여 약탈함으로써 자연의 제약을 극복했기 때문이다.

그런데 이런 팽창이 어느 한계를 넘어서면서 로마는 서서히 쇠락하기 시작했다. 그와 같이 커다란 몸집을 유지하기 위해서는 점점 더 많은 에너지를 투입해야 하는데, 이것은 무한히 지속되기가 어렵다. 어느 시점에서부터는 얻는 것보다 잃는 것이 많아지기 시작한다. 예를 들면 군대에서 사용하는 에너지가 군대가 획득하는 에너지보다 많아지는 것이다. 식량을 운반하여 공급하거나 내부의 질서를 유지하기 위해 치러야 하는 대가가 다른 지역들을 착취하여 얻어내는 경제력을 초과하는 것이다. 이 임계치를 넘어서면 문명의 위기가 인간에게 닥치기 시작한다.

현대의 도시들은 어떤가? 우선 규모 면에서 볼 때 백만 인구의 로마를 훨씬 능가하는 대도시들이 곳곳에 있다. 그러한 삶의 집합체를 유지하기 위해 투입하는 에너지는 막대하고, 이로 인해 엄청난 한정 자원들이 고갈되어 간다. 더구나 현대 산업 문명은 고도의 과학 기술을 활용하기 때문에, 주로 노예 노동에 의존하여 문명을 유지시키던 고대 도시들에 비해 훨씬 많은 양의 지독한 폐기물들을 쏟아 내고 있다.

도시는 내부에 자연 자원의 재생산 기반을 거의 갖고 있지 않다. 도시인들의 먹거리를 생산하는 농토, 그리고 도시민이 내보내는 배설물이나 음식 쓰레기와 같은 유기 물질들을 처리하는 토지는 도시 바깥에 있다. 아무리 도시화가 진행된다 해도 사람의 몸을 개조할 수는 없다. 무엇인가를 먹어야 하고, 그 배설물을 내보내야 한다. 그리고 그 순환은 늘 자연을 필요로 한다. 따라서 도시의 규모가 커질수록 도시인의 생명을 지탱하기 위한 순환의 물리적 토대는 점점 열악해질 수밖에 없다. 자연히 그 운송 비용은 늘어나고 결국 그만큼 자연환경에 가해지는 부담도 가중된다. 도시의 규모가 커질수록 삶의 질이 점점 떨어지게 되는 것이다.

환경 문제를 해결하기 위해서는 궁극적으로 우리의 세계관과 생활 양식을 바꾸지 않으면 안 된다. 현대 도시의 환경 문제는 도시 문명의 방향 전환을 촉구하는 메시지로 변환되어 다가오고 있다. 이제 그동안 당연시되어 온 것들을 새로운 관점으로 들여다보아야 한다.

① 잉여 생산물로 인해 사람들은 생계 활동에서 해방될 수 있었다.
② 산업화 이전과 이후는 사용한 에너지에서 차이를 보인다.
③ 지나친 팽창은 도시를 쇠락하게 만든다.
④ 현대 도시는 자연 자원의 재생산을 하기 어렵다.
⑤ 현대 도시는 고대 도시만큼의 폐기물량을 쏟아 내고 있다.

36 다음 글에서 ㉠과 같은 연구 목적을 가진 학자의 예가 <u>아닌</u> 것을 고르면?

원자핵을 간단히 핵이라 부르는데, 핵이란 도대체 무엇인가? 원자는 가운데에 핵이 있고, 그 주위에 마이너스 전하를 띤 전자가 구름처럼 움직이고 있다. 이 핵 속에는 핵자(核子)라고 하는 중성자와 양성자들이 뭉쳐 있고 이 힘을 핵력이라고 한다. 이 힘은 아주 가까운 거리에만 작용하고 조금만 멀어져도 곧 약해지므로 핵 속에서 핵자들끼리 결합할 때에만 작용한다. 그래서 핵이 커지게 되면 핵자들 간의 거리가 멀어져 서로 간에 작용하는 핵력이 현저하게 줄어든다. 그런데 만일 외부로부터 '침입자'가 들어와서 충돌이 일어나면, 핵자가 바깥쪽으로 쫓겨날 수도 있다.

그러면 내쫓긴 핵자는 어떻게 될까? 내쫓긴 핵자의 대부분은 중성자인데, 이 중성자는 전기적으로 중성이어서 다른 원자 속으로 거침없이 들어갈 수 있다. 전자들이 에워싸고 있는 원자 속으로 들어갈 때, 전자들이 마치 날파리처럼 중성자에 부딪히지만, 무거운 중성자가 핵과 충돌하는 것을 막는 데에는 역부족이다. 정지해 있는 쇠구슬을 다른 쇠구슬로 부딪치면 두 개가 모두 튕겨 나가듯이, '침입자' 자신도 내쫓긴 중성자처럼 튕겨 나가기 쉽다. 결국 날아다니는 중성자 수는 자꾸만 증가하게 되고, 점점 부딪치는 수, 즉 핵반응이 빨라져서 '폭발'에 이르게 된다.

그러면 '침입자'보다도 더 세게 핵자가 튕겨 나오는 경우는 없을까? 이것도 가능하다. 왜냐하면 핵 속에서 핵자들이 움직이고 있기 때문이다. 투수가 던진 공보다 타자가 때린 공이 훨씬 빠르듯이, 튕겨 나오는 것의 에너지가 더 클 수 있다. ㉠<u>이것을 실생활에 이용할 길은 없겠는가?</u> 이러한 궁금증들이 이제까지 핵물리학을 연구하는 많은 학자들의 연구에 원동력이 되었다.

① 번개가 칠 때 발생하는 전기를 인류의 에너지로 사용하기 위해 연구하는 물리학자
② DNA의 유전자를 연구하여 병충해에 강한 농작물을 개발하는 데 힘을 쏟는 생물학자
③ 바이러스의 특성을 탐구하여 인간의 질병을 예방하는 신약 개발에 힘을 쏟는 유전공학자
④ 우주의 근원에 대한 인간의 호기심을 충족시키기 위해 매일 밤 우주를 관측하는 천문학자
⑤ 아직 밝혀지지 않은 파킨슨병의 원인을 찾고, 이를 해결하기 위해 십수 년간 노력하는 의학자

37 퇴직연금제도에 관한 설명으로 옳은 것을 [보기]에서 모두 고르면?

퇴직연금제도 유형

■ **확정급여형(DB형)**
- 근로자가 퇴직할 때 받을 퇴직급여가 사전에 확정된 퇴직연금제도입니다.
- 사용자가 매년 부담금을 금융회사에 적립하여 책임지고 운용하여 운용실적에 따라 사용자의 부담금이 변동되며, 근로자는 운용 결과와 관계없이 사전에 정해진 수준의 퇴직급여를 수령합니다.
- 확정급여형 퇴직연금 금액은 퇴직 직전 3개월 동안 받은 수당, 상여금 등을 포함한 총수령액의 평균 월급여에 근속연수를 곱하여 결정됩니다.
- 예시: 퇴직 직전 3개월 동안 수당, 상여금 등을 포함하여 월급여가 500만 원, 550만 원, 525만 원이었고, 근속연수가 20년이라면 퇴직연금 금액은 $525 \times 20 = 10,500$(만 원)입니다.

■ **확정기여형(DC형)**
- 사용자가 납입할 부담금(매년 연간 임금총액의 12분의 1)이 사전에 확정된 퇴직연금제도입니다.
- 사용자가 근로자 개별 계좌에 확정된 부담금을 정기적으로 납입하면 근로자가 직접 적립금을 운용하며, 근로자는 사용자가 납입한 부담금과 운용손익을 최종 퇴직연금 금액으로 지급받습니다.
- 근로자는 적립금을 원금 보장 상품 또는 원금이 보장되지 않지만 더 높은 수익률을 기대할 수 있는 상품 등에 자유롭게 운용할 수 있습니다.
- 예시: 입사 후 1~3년 차 동안 연간 임금총액이 매년 3,600만 원이고, 운용수익률이 매년 10%라면 3년 차 퇴직연금 금액은 $\frac{3,600}{12} \times 1.1^3 + \frac{3,600}{12} \times 1.1^2 + \frac{3,600}{12} \times 1.1 = \frac{3,600}{12}$ $\times \frac{1.1 \times (1.1^3 - 1)}{1.1 - 1} = 1,092.3$(만 원)입니다.

■ **개인형 퇴직연금제도(IRP)**
- 근로자가 재직 중에 자율로 가입하거나, 퇴직 시 받은 퇴직급여를 계속해서 적립·운용할 수 있는 퇴직연금제도입니다.
- 연간 1,800만 원까지 납입할 수 있으며, 최대 700만 원까지 세액공제 대상이 됩니다(단, 연금저축에 가입한 경우, 연금저축(최대 400만 원 한도)을 합산하여 최대 700만 원까지 세액공제).
- 운용기간 중 발생한 수익에 대해서는 퇴직급여 수급 시까지 과세가 면제되며, 퇴직급여 수급 시 연금 또는 일시금으로 수령할 수 있습니다.

┤ 보기 ├

㉠ 연금저축을 납입하고 있다면 개인형 퇴직연금제도로 인한 세액공제 혜택이 줄어들 수 있다.
㉡ 확정급여형 퇴직연금제도를 적용받는 근로자는 퇴직 직전에 감봉 처분을 받지 않도록 조심할 필요가 있다.
㉢ 확정급여형 퇴직연금제도에서 사용자의 운용수익률이 높아지면 근로자는 더 많은 퇴직급여를 기대할 수 있다.
㉣ 확정기여형 퇴직연금제도에서 근로자가 퇴직 시에 받는 퇴직연금 금액은 그동안 사용자가 납입한 부담금 합계보다 적을 수 있다.

① ㉠, ㉡, ㉢
② ㉠, ㉡, ㉣
③ ㉠, ㉢, ㉣
④ ㉡, ㉢, ㉣
⑤ ㉠, ㉡, ㉢, ㉣

38 다음 [표]는 K대학교 사회과학대학 소속 전체 학과들에 대한 학과평가 자료이다. 자료에 대한 [보기]의 내용 중 옳은 것만을 모두 고르면?

[표1] K대학교 사회과학대학 학과평가 지표

평가지표	지표별 가중치	점수 산정 방법
입시지원율	0.4	사회과학대학 전체 학과 평균의 120% 이상이면 100점, 120% 미만 80% 초과이면 75점, 80% 이하이면 50점 부여
재학률	0.2	
취업률	0.3	
학생만족도	0.1	학과별 점수가 3.2 미만이면 50점, 3.2 이상 4.5 미만이면 75점, 4.5 이상이면 100점 부여

※ 각 학과의 평가지표별 최종점수＝평가점수×항목별 가중치
※ 각 학과의 최종 평가점수는 평가지표별 최종점수를 합산함

[표2] K대학교 사회과학대학 학과별 평가 자료   (단위: %, 점)

학과명	입시지원율	재학률	취업률	학생만족도
정치외교학과	450	70	57	3.0
경제학과	520	80	76	4.1
사회학과	250	50	43	4.0
행정학과	380	50	85	3.1
사회복지학과	760	80	90	4.6
전체 평균	472	66	70	3.9

[표3] K대학교 사회과학대학 학과평가에 따른 인센티브 지급 기준 및 금액

인센티브 종류	지급 기준	금액
일반 인센티브	최종 평가점수 1위 학과	300만 원
	최종 평가점수 2위 학과	250만 원
	최종 평가점수 3위 학과	200만 원
	최종 평가점수 4~5위 학과	100만 원
특별 인센티브	입시지원율 1위 학과	400만 원
	취업률 1~2위 학과	350만 원

※ 특별 인센티브는 각 학과의 입시지원율과 취업률의 순위를 기준으로 지급하며, 일반 인센티브와 중복하여 지급 가능함

┌─ 보기 ────────────────────────────────
│ ㉠ 인센티브 수령액은 사회복지학과＞행정학과＞경제학과 순으로 많다.
│ ㉡ 정치외교학과, 경제학과, 사회학과의 학생만족도 평가점수는 50점으로 동일하다.
│ ㉢ 사회복지학과의 최종 평가점수가 가장 높으며, 인센티브 수령액은 1,050만 원이다.
│ ㉣ 정치외교학과의 최종 평가점수는 사회학과보다 높지만, 인센티브 수령액은 100만 원으로 동일하다.
│ ㉤ 정치외교학과와 행정학과의 최종 평가점수는 동일하지만, 두 학과의 인센티브 수령액은 행정학과가 더 많다.
└──────────────────────────────────────

① ㉠, ㉡, ㉢   ② ㉠, ㉢, ㉣   ③ ㉠, ㉢, ㉤
④ ㉡, ㉢, ㉤   ⑤ ㉡, ㉣, ㉤

39 다음은 K공사의 2022년도 공동주택 난방배관 개체지원 안내문이다. A~E 공동주택 정보에 대한 [표]를 바탕으로 지원 순위가 1위인 곳을 고르면?

□ 지원대상
　① K공사 공동주택 고객 중 건축물 준공 15년이 경과한 공동주택
　② 2차측 난방배관 횡주관 전부, 입상관 전부 또는 공용배관 전부를 개체하는 단지
　※ 2022년도에 착공하는 단지에 한하며, 임대주택은 지원대상에서 제외

□ 지원범위
　① 단지 내 2차측 공용 난방배관(배관, 배관 부속 및 보온재 등) 개체 실공사비의 30% 현금 지원(세대당 40만 원 한도)
　② 해당 공사의 설계·감리 비용의 30%(단지당 400만 원 한도)
　③ 단지 내 에너지절감 달성 시 ①번의 지원금에 에너지 절감률만큼의 지원금 추가 지급(세대당 8만 원 한도, 5% 이상 절감 시)
　※ ①, ②, ③에 관한 지원을 단일계약 1회에 한하여 지원

□ 선정기준
　개체지원 신청서를 바탕으로 점수 순으로 지원 순위를 정하여, 예산 범위 내에서 심의위원회를 통해 확정

□ 평가 기준 및 배점표

평가항목	배점	배점기준				비고
사용기간	40점	$15점 + \dfrac{(준공경과 연수 - 15년)}{(20년 - 15년)} \times 15점$ (단, 소수점 셋째 자리에서 반올림)				노후도 (40점 만점)
단위열 사용량	35점	상위 0~20%	21~50%	51~70%	그 외	상대등위(Mcal/세대, 년) * 2020년 기준
		35점	30점	25점	20점	
배관재질	10점	내식관	내식관+강관	강관		내식관: STS, 동관
		10점	4점	4점		
공사범위	10점	전면	입상관 전체	횡주관 전체		
		10점	7점	4점		
공시가격	5점	700만 원/㎡ 이하		700만 원/㎡ 초과		단지평균 적용 (2021년 1월 기준)
		5점		0점		
합계		100점				

※ 동점단지는 준공경과 연수로 선정

[표] A~E 공동주택 정보

구분	A	B	C	D	E
준공경과 연수	30년	15년	20년	18년	22년
단위열 사용량	상위 29%	상위 68%	상위 6%	상위 45%	상위 16%
배관재질	강관	강관	내식관	내식관+강관	내식관+강관
공사범위	전면	입상관 전체	횡주관 전체	전면	전면
공시가격	800(만 원/m²)	670(만 원/m²)	520(만 원/m²)	750(만 원/m²)	600(만 원/m²)
비고		임대주택			2023년 착공

① A   ② B   ③ C

④ D   ⑤ E

40 다음은 연료비 조정단가 산정방식에 관한 자료이다. 이를 바탕으로 2분기 연료비 조정단가로 가장 적절한 것을 고르면?

1. 실적 연료비 산정
   ① 유연탄, LNG, BC유의 3개월 동안의 무역통계가격 평균을 산정한다.
   ② ①에서 산정한 각 값에 환산계수를 곱한 후 합산한 평균연료가격을 실적 연료비로 산정한다.
   ※ 환산계수: 연료원별 발열량과 투입비율을 고려한 연료별 무역통계 가격에 대한 가중치.
   　유연탄(0.85), LNG(0.37), BC유(0.01)

[표] 연료별 1~3월분 무역통계가격 　　　　　　　　　　　　　　　　　　(단위: 원/kg)

구분	1월	2월	3월
유연탄	168	175	200
LNG	704	821	971
BC유	608	692	683

2. 연료비 조정단가 산정
   ① 실적 연료비에서 기준 연료비를 차감한 변동 연료비 값에 변환계수를 곱하여 조정단가를 산정한다.
   ※ 기준 연료비: 직전 연도 3월~올해 2월 무역통계가격 평균, 492원
   ※ 변환계수: 전력 1kWh를 생산하는 데 필요한 연료 투입량. 0.16kg/kWh
   ② 조정단가가 ±5원/kWh 초과 시 상하한 ±5원/kWh 적용한다.
   ③ 직전 조정주기 대비 조정폭은 3원/kWh 차이까지 적용하며, 1원/kWh 이내의 조정폭 차이일 경우 직전 조정주기 단가를 적용한다. 직전 조정주기 단가는 1.86원/kWh이다.

① −5원/kWh   ② −3.792원/kWh   ③ −1.14원/kWh

④ 1.86원/kWh   ⑤ 4.86원/kWh

[41~42] 다음은 소행성의 명명법에 관한 내용이다. 이를 바탕으로 질문에 답하시오.

세레스(Ceres), 팔라스(Pallas), 주노(Juno), 베스타(Vesta)는 최초로 발견된 소행성 4개의 이름들이다. 이처럼 초기 소행성들의 이름은 그리스─로마 신화에 나오는 여신 이름에서 따온 경우가 많았다. 그러나 1923년 소행성의 누적 발견 개수가 1,000개를 넘기고 최초로 발견했다가 추가로 관측하지 못한 채 잃어버리는 소행성이 발생하게 되자 천문학자들은 새로운 소행성 명명법을 고민했다. 그 결과 1925년 1월 1일부터 발견연도+영문자+(숫자) 조합을 사용하게 된다. 즉 이때부터 소행성을 새롭게 발견해서 국제소행성센터에 보고한 뒤, 이전에 알려지지 않았던 소행성으로 확인되면 임시지정번호라는 것을 다음 절차에 따라 부여받게 되었다.

예를 들면 1999 JU2 소행성의 경우, 맨 앞의 1999는 발견된 연도를 의미하고, 첫 번째 영문자는 발견된 달을 의미한다. 한 달을 전반기(1일~15일)와 후반기(16일~말일)로 나눈 뒤 A부터 Y까지 24개의 영문자를 순서대로 사용한다(영문자 I는 숫자 1과 혼동이 되기 때문에 사용하지 않음). 즉 발견연도 뒤에 A가 붙으면 해당 소행성은 1월 전반기, B는 1월 후반기, J는 5월 전반기, Y는 12월 후반기에 발견되었다는 것을 의미한다. 이를 바탕으로 소행성 1999 JU2라는 이름만 보고도 1999년 5월 전반기에 발견되었다는 것을 알 수 있다.

또한 두 번째 영문자와 숫자의 조합은 해당 월 전반기 또는 후반기에 발견된 소행성의 누적 개수에 따라 달라진다. 가장 먼저 발견된 소행성에는 A를 붙이고, 25번째로 발견된 소행성에는 Z를 붙인 후(이 경우에도 알파벳 I는 사용하지 않음), 그 이후에 추가로 발견된 소행성들은 1부터 숫자를 붙인다. 예를 들어 1999년 5월 상반기에 25번째로 발견된 소행성은 1999 JZ, 26번째로 발견된 소행성은 1999 JA1, 27번째로 발견된 소행성은 1999 JB1, 50번째로 발견된 소행성은 1999 JZ1가 된다. 따라서 1999 JU2는 1999년 5월 전반기에 70번째로 발견된 소행성이다. 이를 정리하면 다음과 같다.

발견연도 뒤에 붙는 첫 번째 영문자(발견된 달)																							
A	B	C	D	E	F	G	H	J	K	L	M	N	O	P	Q	R	S	T	U	V	W	X	Y
1월 전반기	1월 후반기	2월 전반기	2월 후반기	3월 전반기	3월 후반기	4월 전반기	4월 후반기	5월 전반기	5월 후반기	6월 전반기	6월 후반기	7월 전반기	7월 후반기	8월 전반기	8월 후반기	9월 전반기	9월 후반기	10월 전반기	10월 후반기	11월 전반기	11월 후반기	12월 전반기	12월 후반기

발견연도 뒤에 붙는 두 번째 영문자(발견된 순서)																								
A	B	C	D	E	F	G	H	J	K	L	M	N	O	P	Q	R	S	T	U	V	W	X	Y	Z
1	2	3	4	5	6	7	8	9	10	11	12	13	14	15	16	17	18	19	20	21	22	23	24	25

두 번째 영문자 뒤에 붙는 숫자(발견된 순서)												
1	2	3	4	5	6	7	8	9	10	11	…	N
25	50	75	100	125	150	175	200	225	250	275	…	25N

41 다음 [보기]의 소행성 A~E를 먼저 발견된 순서대로 나열한 것을 고르면?

┌─ 보기 ├─
- A: 1987 WX
- B: 1985 YZ1
- C: 1987 JY2
- D: Hera
- E: 1987 WA1

① B–A–E–C–D   ② B–C–A–E–D   ③ D–A–C–E–B
④ D–B–C–A–E   ⑤ D–B–C–E–A

42 다음 중 2022년 5월 15일에 발견된 소행성의 임시지정번호로 가장 적절한 것을 고르면?(단, 해당 소행성이 발견되기 직전까지 2022년 5월에만 488개의 다른 소행성이 발견되었다.)

① 2022 JN19   ② 2022 JO18   ③ 2022 JO19
④ 2022 KN18   ⑤ 2022 KO19

43 경영지원팀에서 근무 중인 귀하는 팀별로 고장나거나 부족한 사무실 의자 개수를 조사하여 새로 구입을 진행하였다. A 가구 판매 업체의 사무실 의자 종류별 판매 정보를 바탕으로 고장 나거나 부족한 사무실 의자를 모두 구매하고자 할 때, 사무실 의자 구매 비용의 최소 금액을 고르면? (단, 새로 구매하는 사무실 의자는 모두 동일한 종류로 구매한다.)

[표1] 팀별 사무실 의자 필요 현황

구분	고장 난 사무실 의자 개수	부족한 사무실 의자 개수
기획팀	3개	1개
영업팀	2개	2개
경영지원팀	1개	1개
홍보팀	4개	0개

[표2] 사무실 의자 종류별 판매 정보

구분	가격	프로모션 정보
가 의자	120,000원/1개	4개 구매 시 동일 상품 1개 추가 증정
나 의자	105,000원/1개	120만 원 이상 구매 시 전 품목 5% 할인
다 의자	140,000원/1개	10개 이상 구매 시 전 품목 20% 할인
라 의자	118,000원/1개	구매 비용 50만 원당 8만 원 할인

① 1,387,300원 ② 1,396,500원 ③ 1,412,000원
④ 1,440,000원 ⑤ 1,568,000원

44 갑 기업에서 다음과 같은 기준에 따라 을 대학의 교수에게 연구비를 지원한다. A~N 교수가 연구비를 신청하였다고 할 때, A~N 교수가 받는 연구비의 합을 고르면?

---

1. 지원신청 자격

   대형 국책 연구과제의 수주계획이 있는 을 대학의 전임교수로서 연구비가 다음과 같은 자
   (의대, 간호대, 보건대학원 제외)
   - 이공계열: 10억 원 이상
   - 인문사회계열: 2억 원 이상

2. 지원금액 및 선정절차

   가. 지원금액(이공계열은 연구비의 4%, 인문사회계열은 8% 지원)

이공계열		인문사회계열	
연구비	상한액	연구비	상한액
40억 원 이상	2억 원	10억 원 이상	1억 원
30억 원 이상	1.5억 원	6억 원 이상	0.6억 원
20억 원 이상	1억 원	3억 원 이상	0.4억 원
10억 원 이상	0.5억 원	2억 원 이상	0.2억 원

   ※ 연구비를 이미 지원받고 있는 연구는 지원 불가
   ※ 총지원액: 이공계열과 인문사회계열을 합해 10억 원

   나. 선정절차

   지원자격에 부합하는 모든 교수에게 지원하되 총지원액을 초과하는 경우 선착순으로
   지원금이 소진될 때까지 지원

[표] A~N의 지원정보

구분	계열	직책	연구비	지원순서	비고
A	이과계열	전임교수	38억 원	11	
B	인문계열	전임교수	16억 원	10	
C	공학계열	전임교수	8억 6천만 원	8	
D	사회계열	외래교수	9억 원	3	
E	인문계열	전임교수	2억 8천만 원	12	
F	인문계열	전임교수	8억 6천만 원	1	
G	이과계열	외래교수	16억 3천만 원	7	
H	의과계열	전임교수	50억 원	5	
I	공학계열	전임교수	28억 5천만 원	4	타 기관에서 연구비 지원
J	공학계열	전임교수	12억 6천만 원	13	
K	사회계열	전임교수	4억 8천만 원	2	
L	사회계열	전임교수	12억 원	14	
M	이과계열	전임교수	30억 6천만 원	6	
N	이과계열	전임교수	45억 원	9	

① 7.756억 원　　　② 8.168억 원　　　③ 8.86억 원

④ 9.242억 원　　　⑤ 10억 원

45 다음 [그래프]는 국가문화재 지정 현황에 관한 자료이다. 이에 대한 설명으로 옳지 <u>않은</u> 것을 고르면?

[그래프1] 2019년 국가문화재 지정 현황   (단위: 건)

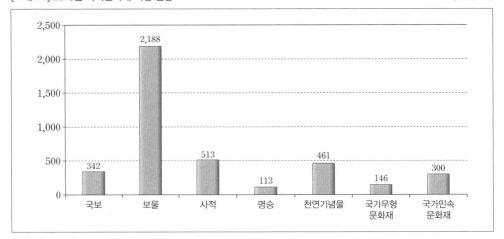

[그래프2] 2020년 국가문화재 지정 현황   (단위: 건)

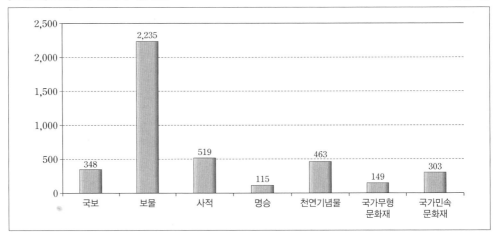

① 2020년 보물 지정 건수는 전년 대비 약 2.1% 증가했다.
② 2019년 국가문화재 지정 건수 중 천연기념물 지정 건수가 차지하는 비중은 약 10.7%이다.
③ 2020년 사적 지정 건수는 국보 지정 건수의 약 1.5배이다.
④ 2019년과 2020년의 국가문화재 지정 건수가 많은 항목 순서는 서로 같다.
⑤ 2020년 국가문화재 지정 건수는 모든 항목에서 2건 이상 증가했다.

46 다음 [표]는 2020년 지역별 농촌관광 현황에 관한 자료이다. 이에 대한 설명으로 옳은 것을 [보기]에서 모두 고르면?

[표] 2020년 지역별 농촌관광 현황

(단위: 회)

구분	농촌 체험 활동	농촌숙박	농촌 지역 맛집 방문	농촌 둘레길 걷기	농·특산물 직거래 (현지 구매)	농촌 지역 캠핑
수도권	2.03	1.40	1.28	1.31	1.16	3.12
충청권	1.69	1.00	1.34	1.10	0.98	1.64
호남권	1.45	1.09	1.49	1.29	2.04	1.00
영남권	1.14	0.79	1.33	1.22	1.72	1.28
강원/제주권	1.88	1.78	1.98	1.97	2.91	0.48

┤ 보기 ├

㉠ 농촌관광 횟수는 모든 항목에서 호남권이 영남권보다 많다.
㉡ 강원/제주권의 농촌관광 횟수는 총 11회이다.
㉢ 충청권은 모든 항목에서 농촌관광 횟수가 가장 많은 지역이 아니다.
㉣ 농촌관광 횟수가 세 번째로 많은 항목은 모든 지역이 서로 다르다.

① ㉠, ㉡　　　　　② ㉡, ㉢　　　　　③ ㉢, ㉣
④ ㉠, ㉡, ㉢　　　⑤ ㉡, ㉢, ㉣

47 다음 [표]는 2022년 2월 공항별 운항, 여객, 화물 통계에 관한 자료이다. 이를 그래프로 표현한 것으로 옳지 <u>않은</u> 것을 고르면?

[표] 2022년 2월 공항별 운항, 여객, 화물 통계　　　　　　(단위: 편, 명, 톤)

구분	운항	여객	화물
합계	46,040	6,132,411	283,266
김포	11,997	1,936,689	12,455
김해	4,956	764,769	3,320
제주	13,660	2,274,782	16,840
청주	1,518	252,931	1,417
대구	1,040	166,935	907
양양	158	22,144	130
광주	1,216	183,234	806
울산	582	59,163	175
여수	703	89,553	290
포항	174	14,261	70
사천	112	7,769	19
군산	184	26,082	147
원주	110	15,511	89
인천	9,630	318,588	246,601

① 운항 통계 상위 3개 공항　　　　(단위: 편)

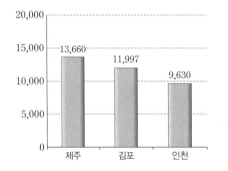

② 여객 통계 하위 3개 공항　　　　(단위: 명)

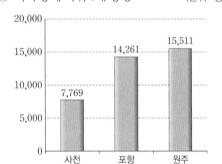

③ 화물 통계 상위 3개 공항

(단위: 톤)

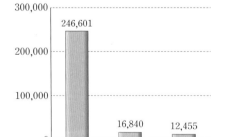

④ 김포공항, 인천공항 통계별 차

(단위: 편, 명, 톤)

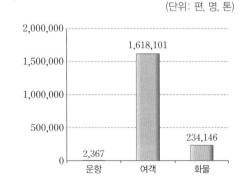

⑤ 김포공항, 인천공항 통계별 합

(단위: 편, 명, 톤)

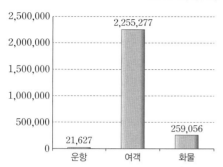

48 다음 [표]는 연도별 이륜차 신고 현황에 관한 자료이다. 이에 대한 설명으로 옳은 것을 고르면?

[표] 연도별 이륜차 신고 현황

(단위: 대)

구분		2017년	2018년	2019년	2020년	2021년
50cc 미만	관용	1,549	1,596	1,813	1,941	1,758
	자가용	156,108	144,276	141,180	138,339	128,947
50cc 이상 100cc 미만	관용	5,408	5,349	5,309	5,342	4,175
	자가용	863,582	861,353	857,613	857,299	774,189
100cc 이상 260cc 미만	관용	19,258	19,322	19,263	18,799	18,518
	자가용	1,064,890	1,078,059	1,098,599	1,135,005	1,133,667
260cc 이상	관용	631	647	698	728	744
	자가용	85,049	97,822	112,420	131,556	151,839

① 50cc 이상 100cc 미만 이륜차 신고 대수의 전년 대비 증감 추이는 관용과 자가용이 서로 같다.
② 매년 100cc 이상 260cc 미만 관용 이륜차 신고 대수는 260cc 이상 관용 이륜차 신고 대수의 30 배 이상이다.
③ 2021년 50cc 미만 자가용 신고 대수는 전년 대비 9,492대 감소했다.
④ 50cc 이상 100cc 미만 관용 이륜차 신고 대수의 5개년 평균은 5,122.6대이다.
⑤ 2020년 260cc 이상 관용 이륜차 신고 대수는 3년 전 대비 약 15.4% 증가했다.

49 다음은 소아 코로나19 재택치료 안내문이다. 이에 대한 설명으로 옳지 <u>않은</u> 것을 고르면?

1. 의료기관 선택

호흡기 전담 클리닉, 호흡기 진료 지정 의료기관에서 검사하여 확진된 경우	확진된 환자는 검사한 의료기관에서 전화상담·처방을 원칙으로 하나, 환자가 원하는 경우 다른 의료기관 전화상담·처방 선택 가능함
선별진료소에서 확진된 경우	환자가 의료기관을 선택하여 전화상담·처방 요청(확진 문자 등을 환자가 의료기관에 제공) 가능함

2. 전화상담 및 처방
- 소아 코로나 확진자는 일반관리군으로 분류되는 재택치료자에 해당하여 자택에서 증상을 관찰하면서 필요한 경우 의료기관을 통해 전화상담과 처방을 받을 수 있으며, 전화상담·처방은 동네 병·의원, 호흡기 전담 클리닉, 호흡기 진료 지정 의료기관, 재택치료 의료상담센터 등을 이용함
  - ※ 1) 병·의원 정보 확인 방법: 포털 검색창에서 코로나19 전화상담 병·의원 입력 후 검색
  - ※ 2) 야간 상담·처방이 필요할 경우, 24시간 운영하는 '재택치료 의료상담센터' 이용 가능함

3. 해열제 구매
- 재택치료자는 원칙적으로 본인의 대면진료, 기타(재난, 응급의료, 범죄 대피 등 불가피한 사유 등) 등 허용된 범위 이외 주거지 이탈이나 장소 이동이 제한되어 부모가 함께 재택치료 대상인 경우에도 일반의약품, 생필품 등의 구매를 위한 외출은 허용되지 않음
- 모든 가족이 확진되어 격리되는 경우, 약국에서 일반의약품 구매, 처방받은 약 등의 수령은 지인 등의 도움을 받아야 하며, 이것이 불가능할 경우 지자체(행정안내센터 등)에 도움을 요청할 수 있음

4. 대면 진료
- 대면 진료는 외래진료센터에서 사전 예약 후 방문 가능하며, 이때 외래진료센터로의 이동은 도보, 개인차량(본인 운전 가능), 방역 택시를 이용해야 함

5. 응급 진료
- 모든 확진자는 재택치료가 원칙이며, 재택치료가 어려운 경우에만 입원이 가능함
  - ※ 재택치료가 어려운 경우는 재택치료 중 호흡곤란, 의식저하 등 응급상황으로 판단되는 경우로, 이 경우 즉시 재택치료추진단 또는 119로 연락하여 응급진료를 받을 수 있도록 함
- 응급 시 의료기관 이동은 관할 보건소의 지시에 따라 배치된 구급차(보건소, 의료기관, 민간 구급차, 119 구급차 등)를 이용하게 되며, 환자가 이송되는 의료기관·시설에 전달하고자 하는 자료는 추가 감염 방지를 위해 지퍼백 등에 담아 동행자가 지참하여 전달해야 함

6. 격리 해제
- 코로나19 확진 후 재택치료자의 격리 기간은 검사일(검체채취일)로부터 7일이며, 7일차 밤 자정(24:00)에 자동 해제되어 어린이집의 경우, 격리 해제 후 바로 등원이 가능함
  - ※ 단, 격리 해제 후 3일간 KF94(또는 이와 동급) 마스크 상시 착용, 감염 위험도 높은 시설(다중이용시설, 감염취약시설 등) 이용(방문) 제한 및 사적 모임 자제 등 생활 수칙을 준수하도록 함

빠르게 만나는 최신 취업 트렌드, 에듀윌 공기업 월간NCS

① 소아와 부모를 포함한 모든 가족이 재택치료 대상인 경우에는 지자체에 도움을 요청하여 일반 의약품 구매가 가능하다.

② 소아 재택치료자의 격리 기간은 7일이며, 격리 해제 이후 바로 어린이집 등원이 가능하다.

③ 호흡기 진료 지정 의료기관에서 코로나 검사 시행 후 확진된 소아도 검사한 의료기관 외 다른 의료기관의 전화상담을 받을 수 있다.

④ 전화상담을 받을 수 있는 병원 정보는 포털 사이트에 검색하여 확인할 수 있다.

⑤ 재택치료 도중 의식저하가 발생하는 경우 도보나 개인차량, 방역택시를 이용해 의료기관으로 이동하게 된다.

50 다음 글의 빈칸에 들어갈 말로 알맞은 것을 고르면?

전통은 물론 과거로부터 이어 온 것을 말한다. 이 전통은 대체로 그 사회 및 그 사회의 구성원인 개인의 몸에 배어 있는 것이다. 그러므로 스스로 깨닫지 못하는 사이에 전통은 우리의 현실에 작용하는 경우가 있다. 그러나 과거에서 이어 온 것을 무턱대고 모두 전통이라고 한다면, 인습(因襲)이라는 것과의 구별이 서지 않을 것이다. 우리는 인습을 버려야 할 것이라고는 생각하지만, 계승해야 할 것이라고는 생각하지 않는다. 여기서 우리는 과거에서 이어 온 것을 객관화하고, 이를 비판하는 입장에 서야 할 필요를 느끼게 된다.

그 비판을 통해서 (   )만을 우리는 전통이라고 불러야 할 것이다. 이같이 전통은 인습과 구별될 뿐더러 또 단순한 유물과도 구별되어야 한다. 현재에 있어서 문화 창조와 관계가 없는 것을 우리는 문화적 전통이라고 부를 수가 없기 때문이다.

그러므로 어느 의미에서는 고정불변의 신비로운 전통이라는 것이 존재한다기보다 오히려 우리 자신이 전통을 찾아내고 창조한다고도 할 수가 있다. 따라서 과거에는 훌륭한 문화적 전통의 소산으로 생각되던 것이 후대에는 버림을 받게 되는 예도 허다하다. 한편 과거에는 돌아보지 않던 것이 후대에 높이 평가되는 일도 한두 가지가 아니다. 우리가 현재 민족 문화의 전통과 명맥을 이어 준 것이라고 생각하는 것의 대부분이 그러한 것이다. 신라의 향가, 고려의 가요, 조선 시대의 사설시조, 백자, 풍속화 같은 것이 다 그러한 것이다.

① 과거로부터 이어져 와 그 사회 구성원의 몸에 배어 있는 것
② 현재의 문화 창조에 이바지할 수 있다고 생각되는 것
③ 어떤 상황에서도 변하지 않은 신비로운 것
④ 과거에는 훌륭한 문화적 소산으로 여겨지지 않다가 후대에 높이 평가되는 것
⑤ 당시의 많은 사람으로부터 커다란 지지와 호응을 받았던 것

정답 및 해설

정답 및 해설

01 추론   정답 | ④

해설 주어진 글에 따르면 DMN은 휴식을 취할 때 활성화되며, 백색질의 활동 또한 뇌를 쉬게 할 때 증가한다고 하였다. 따라서 DMN이 활성화되면 백색질의 활동도 증가할 것임을 알 수 있다.

| 오답풀이 |

① 두정엽은 인지 활동을 하지 않을 때 활성화되는 뇌의 특정 부위인 DMN에 해당한다.

② DMN은 하루 일과 중에서 몽상을 즐길 때나 잠을 자는 동안에 활발한 활동을 한다고 하였다. 즉, 바쁘게 업무를 수행하는 시간대에는 DMN의 활동이 줄어들 수 있겠지만 아예 활동을 하지 않는다고 판단할 수는 없다.

③ 알츠하이머병을 앓는 환자들에게서는 DMN 활동이 거의 없다고 하였으나, 수면 중의 활동 여부는 주어진 글을 통해 판단할 수 없다.

⑤ 사춘기의 청소년들은 DMN이 활발하지 못하다고 하였으므로 청소년이 성인보다 'n-back' 테스트에서의 평균 점수가 높을 것이라고 추론하는 것은 적절하지 않다.

02 문단배열   정답 | ②

해설 주어진 글은 재생에너지의 비용 경쟁력에 관한 글이다. 따라서 가장 먼저 와야 하는 문단은 재생에너지가 화석에너지에 비해 비용 경쟁력이 낮았으나 최근에는 경쟁력 있는 사업 분야가 될 것이라는 전망이 담긴 (나)이다. 그리고 나서 풍력과 태양에너지의 비용 경쟁력 향상에 관한 구체적 수치가 담겨 있는 (가)와 풍력과 태양에너지가 세계 에너지 소비량을 우수하게 충당할 수 있다는 (라)가 순서대로 이어져야 한다. 마지막으로 재생에너지에 대한 관심이 선진국에만 국한되어 있지 않으며 앞으로 경쟁원칙에서도 화석에너지를 앞지를 수 있다고 전망하는 (다)가 이어져야 한다. 따라서 주어진 글을 순서대로 배열하면 (나) - (가) - (라) - (다)가 가장 적절하다.

| 오답풀이 |

③ (다)가 (나) 뒤에 오게 되면 전체 글의 맥락이 어색해진다. (다)의 '이제 재생에너지는 단순히 친환경이라는 이유로 에너지 산업의 구색을 갖추기 위한 존재가 아니라 경쟁원칙에 의해 당당히 기존 화석에너지원들을 대체해 나가게 될 것이다'라는 서술은 전체 글의 맥락상 마무리 서술로 볼 수 있다. 더구나 (라)와 (가)의 순서도 적절하지 않다.

④ (가)와 (라)는 앞서 주장한 재생에너지가 비용 경쟁력에서 우수한 사업 분야가 될 것이라는 전망에 대한 구체적 근거이다. (가)는 비용 면에서 (라)는 에너지 충당 능력에서 그 근거를 찾을 수 있는데, 전체 글의 흐름상 (가)가 (라)보다 먼저 오는 것이 적절하며 (라) 문단 앞에 '나아가'라는 접속어도 이 두 문단의 순서를 배열하는 데 결정적인 역할을 한다.

03 어휘·어법   정답 | ①

해설 ㉠ 앞 문장에서 '향토 음식'에 대한 일반적인 통념을 제시하고, 이어서 전통 음식과 구별되는 향토 음식의 정확한 개념을 정의한 것은 내용의 연결이 자연스러우므로 ㉠을 뒤의 문장과 순서를 교체할 필요가 없다.

| 오답풀이 |

② 1문단에서는 향토 음식의 개념과 가치를 다루고 있고, 2문단에서는 향토 음식에 대한 청소년들의 무관심을 다루고 있다. 따라서 두 내용을 연결하기 위해서는 '화제를 앞의 내용과 관련시키면서 다른 방향으로 이끌어 나갈 때 쓰는 부사'인 '그런데'를 쓰는 것이 적절하다.

③ '주말에 시간을 내기 어려움'은 향토 음식 요리 교실에 참여한 경험과 직접적으로 관련된 내용이 아니기 때문에 삭제하는 것이 적절하다.

④ '양념을 많이 쓰지 않은 자연 그대로의 담백한 맛'은 '힘이 넘치고 생기가 가득한'의 뜻이 있는 '활기찬'보다 '꾸밈이나 거짓이 없고 수수한'의 뜻이 있는 '소박한'이 어울리기 때문에 '소박한'으로 고치는 것이 적절하다.

⑤ 향토 음식에 관한 관심이 지역 공동체의 조화를 이루어 내는 데 '끼어들어 관계한다'는 것보다 '도움이 되도록 이바지한다'는 것이 자연스러우므로 '참여'보다 '기여'로 고쳐 쓰는 게 적절하다.

04 빈칸 넣기   정답 | ③

해설 '전통의 계승'과 관련하여 '향토 음식은 우리 전통을 이어 갈 소중한 유산'이라고 의미를 부여하여 향토 음식의 가치를 제시하였고, '티끌 모아 태산'이라는 속담을 활용하여 '향토 음식에 관심을 갖는 것'을 유도하였다.

| 오답풀이 |

① '전통의 계승'과 관련하여 향토 음식의 가치를 제시하고 '적극적인 홍보'를 통하여 '향토 음식에 관심을 갖는 것'을 유도하였으나, 속담을 활용하지 않았다.

② '뚝배기보다 장맛'이라는 속담을 활용하였지만 이를 통해 '향토 음식에 관심을 갖는 것'을 유도한 것이 아니라, '전통 문화의 정체성' 형성의 기반이 된다는 점에서 향토 음식의 가치를 제시하고 있으므로 제시된 조건을 충족하지 못하였다.

④ '전통의 계승'과 관련하여 향토 음식의 가치를 제시하지 않았고, '우물가에서 숭늉 찾기'라는 속담을 활용하였지만 이 속담을 통해 '향토 음식에 관심을 갖는 것'을 유도했다기보다는 '향토 음식의 발전 또는 개선'을 촉구하였다.

⑤ '다 된 밥에 재 뿌리는 격'이라는 속담을 사용하였으나 이는 '향토 음식을 소홀히 여기는 태도'에 대한 비판이지 '향토 음식에 관심을 갖는 것'을 유도한 것은 아니다. 또한 외국의 식문화와 융합해야 한다는 내용은 '전통 계승'에서 벗어난 내용이다.

05 내용일치
정답 | ③

해설 3문단에서 '탐지 역치'란 냄새를 탐지할 수 있는 최저 농도이며, 메탄올의 탐지 역치가 박하 향에 비해 약 3,500배가량 높다고 언급하고 있다. 따라서 박하 향의 탐지 역치는 메탄올의 탐지 역치보다 낮다.

| 오답풀이 |

① 1문단에서 취기재의 분자가 코의 내벽에 있는 후각 수용기를 자극하기 때문에 우리가 어떤 냄새가 난다고 탐지할 수 있다고 언급하고 있다.

② 1문단에서 후각은 우리 몸에 해로운 물질을 탐지하는 문지기 역할을 하는 중요한 감각이라고 언급하고 있다.

④ 2문단에서 개의 후각 수용기는 10억 개에 달하는 반면 인간의 후각 수용기는 1천만 개에 불과하다고 언급하고 있다.

⑤ 2문단에서 인간도 다른 동물과 마찬가지로 취기재의 분자 하나에도 민감하게 반응하는 후각 수용기를 갖고 있다고 언급하고 있다.

06 사례 찾기
정답 | ②

해설 4문단에서 취기재의 정체를 인식하려면 취기재의 농도가 탐지 역치보다 3배가량은 높아야 한다

고 언급하고 있다. 이로 보아 ㉠의 상태는 취기재의 농도가 탐지 역치보다는 높지만 3배에는 미치지 못하는 것에 해당한다고 볼 수 있다. 따라서 일단 농도가 탐지 역치보다 높아야 냄새의 존재 유무를 탐지할 수 있다. 그리고 탐지 역치의 3배가 넘는 농도를 가져서는 안 된다. 그래야 취기재의 정체를 인식하지는 못하기 때문이다. 이러한 조건을 만족하는 것은 탐지 역치가 10인 취기재의 농도가 15인 경우에 해당한다. 농도(15)가 탐지 역치(10)보다 높으므로 냄새의 존재를 확인할 수는 있으나, 농도가 15에 불과하므로 탐지 역치의 세 배(30)가 넘지는 않기 때문이다.

| 오답풀이 |

①, ④ 취기재의 농도가 탐지 역치보다 낮으므로 ㉠의 경우에 해당하는 사례로 볼 수 없다.

③, ⑤ 취기재의 농도가 탐지 역치의 3배보다 높으므로 ㉠의 경우에 해당하는 사례로 볼 수 없다.

07 어휘 · 어법
정답 | ③

해설 ㉡ '사료'는 역사 연구에 필요한 문헌이나 유물인 문서, 기록, 건축, 조각 따위를 일컫는 말로 쓰였다. '물건의 출납이나 돈의 수지(收支) 계산을 적어 두는 책'은 '장부'를 뜻하는 말이다.

㉤ '지명(地名)'은 마을이나 지방, 산천, 지역 따위의 이름을 의미한다. '일정하게 구획된 어느 범위의 토지'는 '지역(地域)'을 나타내는 말이다.

08 주제 찾기
정답 | ⑤

해설 주어진 글의 마지막 문단에서 필자는 정부가 연명 치료를 거부한 환자들이 호스피스 서비스를 받을 수 있도록 기반 시설을 서둘러 구축하고, 존엄사가 생명 경시로 흐르지 않도록 의료 윤리 교육을 강화해야 한다고 주장하고 있다.

| 오답풀이 |

① 외국에서 시행되는 제도에 관한 내용은 극히 일부이고, 깊이 있게 다루고 있지 않다.

② 1문단에서 2018년 2월에 '연명의료결정법'이 시행된다고 하였으므로 존엄사 도입은 이미 결정된 상황이다.

③ 2문단에서 존엄사의 개념을 명확히 하기 위해 안락사와 비교하여 설명하였다. 하지만 이는 부분적인 내용으로 글의 주제로 적절하지 않다.

④ 주어진 글의 핵심은 존엄사 시행과 관련해 기반 시설을 구축하고 의료 윤리 교육을 강화시켜 죽음의 질을 높이자는 것이지 복지 국가를 만들자는 것이 아니다.

NCS 영역별 최신기출 _ 수리능력   P. 58

01	①	02	⑤	03	④	04	①
05	④	06	②	07	②		

01 응용수리(확률)   정답 l ①

해설 제일 첫 글자는 모음이 올 수 없고, 모음끼리는 연달아 올 수 없으므로 모음의 위치로 가능한 조합은 2, 4번째, 2, 5번째, 3, 5번째로 3가지가 있다. 각 조합마다 경우의 수는 자음을 나열하는 경우의 수 3!과 모음끼리 자리를 바꾸는 경우 2를 곱한 3!×2이다. 따라서 [조건]에 맞게 조합하는 확률은 $\frac{3\times(3!\times2)}{5!}=\frac{3\times2}{5\times4}=\frac{3}{10}$이다.

02 응용수리(일률)   정답 l ⑤

해설 지훈이가 혼자 일했을 때 일을 끝내는 시간을 x, 승철이가 혼자 일했을 때 일을 끝내는 시간을 y, 찬희가 혼자 일했을 때 일을 끝내는 시간을 z라고 할 때, [조건]을 식으로 표현하면 $x+y=\frac{1}{5}$, $x+z=\frac{1}{3}$, $x+y+z=\frac{1}{2}$이 된다.

$(x+y)+(x+z)=2x+y+z=\frac{1}{5}+\frac{1}{3}=\frac{8}{15}$이므로 $(2x+y+z)-(x+y+z)=x=\frac{8}{15}-\frac{1}{2}=\frac{1}{30}$이다. $x+y=\frac{1}{5}$에 x값을 대입하면 $y=\frac{1}{5}-\frac{1}{30}=\frac{5}{30}=\frac{1}{6}$이다.

따라서 승철이가 혼자 일하면 6일이 걸린다.

03 자료이해   정답 l ④

해설 매출액 규모가 '1억 원 미만'과 '20억 원 이상 50억 원 미만'인 생산 업체의 업체 수가 가장 많았던 해는 2020년으로 서로 같다.

| 오답풀이 |

① 2020년 매출액 규모가 100억 원 이상 300억 원 미만인 업체 수는 전년 대비 $\frac{507-462}{462}\times100≒9.7(\%)$ 증가했다.

② 생산 업체 수가 전년 대비 매년 증가한 매출액 규모 범위는 20억 원 이상 50억 원 미만, 100억 원 이상 300억 원 미만으로 2개이다.

③ 2019년 매출액 규모가 1억 원 미만인 업체 수는 5억 원 이상 10억 원 미만인 업체 수의 $\frac{16,702}{2,347}≒7.1$(배)로 7배 이상이다.

⑤ 매출액 규모가 50억 원 이상 100억 원 미만인 5개년 평균 생산 업체 수는 $\frac{658+685+711+760+758}{5}=\frac{3,572}{5}≒714$(개)이다.

| 풀이 TIP |

③의 경우 2019년 매출액 규모가 5억 원 이상 10억 원 미만인 업체 수는 2,347개로 7배는 2,347×7=16,429(개)이다. 2019년 매출액 규모가 1억 원 미만인 업체 수는 16,702개로 7배 이상이다.

04 자료이해   정답 l ①

해설 2021년 전국 어류 양식 중 육상수조식이 차지하는 비중은 $\frac{668}{2,819}\times100≒23.7(\%)$이다.

| 오답풀이 |

② 2020년 해상가두리 경영체 수는 3년 전 대비 $\frac{2,331-2,152}{2,331}\times100≒7.7(\%)$ 감소했다.

③ 전국 어류 양식 경영체 수의 증감 추이와 전라남도 어류 양식 경영체 수의 연도별 증감 추이는 모두 '증가, 감소, 감소, 감소'로 동일하다.

④ 제주도의 5개년 평균 어류 양식 경영체 수는 $\frac{(356+337+327+339+344)}{5}=\frac{1,703}{5}=340.6$(개소)이다.

⑤ 충청남도 어류 양식 경영체 수는 매년 경상북도 어류 양식 경영체 수보다 많다.

| 풀이 TIP |

①의 경우 2021년 전국 어류 양식의 25%는 2,819×0.25=704.75(개소)이므로 육상수조식이 차지하는 비중은 25% 미만이다.

05 자료계산   정답 l ④

해설 읍면 거주자 음주 현황이 전년 대비 감소한

해만 살펴보면, 전년 대비 감소율은

2017년이 $\frac{1,163-1,129}{1,163} \times 100 ≒ 2.9(\%)$,

2018년이 $\frac{1,129-1,125}{1,129} \times 100 ≒ 0.4(\%)$,

2020년이 $\frac{1,233-1,199}{1,233} \times 100 ≒ 2.8(\%)$이다.

따라서 감소율이 가장 큰 2017년의 동 거주자 음주 현황과 읍면 거주자 음주 현황의 차는 $4,994-1,129=3,865$(명)이다.

06 자료계산　　　　　　　　　　　정답 | ②

해설 2021년 철강 생산량이 5번째로 많은 항목은 철강 생산량이 9,513천 톤인 냉연강판이다. 냉연강판의 5개년 평균 철강 생산량은

$\frac{9,826+10,004+9,687+8,720+9,513}{5} = \frac{47,750}{5}$
$=9,550$(천 톤)이다.

07 자료변환　　　　　　　　　　　정답 | ②

해설 2019년 전체 사업체 수는 $1,973+274+66=2,313$(개)이다. 따라서 형태별 사업체 수가 전체 사업체 수에서 차지하는 비중은 단독사업체가 $\frac{1,973}{2,313} \times 100 ≒ 85.3(\%)$, 본사, 본점 등이 $\frac{274}{2,313} \times 100 ≒ 11.8(\%)$, 공장, 지사(점), 영업소 등이 $\frac{66}{2,313} \times 100 ≒ 2.9(\%)$이다.

NCS 영역별 최신기출_문제해결능력　　P. 64

| 01 | ③ | 02 | ② | 03 | ② | 04 | ② |
| 05 | ① | 06 | ③ | 07 | ① | 08 | ⑤ |

01 명제추리　　　　　　　　　　　정답 | ③

해설 A가 업무를 완료하였다고 가정하면 A, B, C 진술의 참/거짓 상태는 다음과 같다.

구분	앞 문장	뒤 문장
A	거짓	참
B	참	거짓
C	참	거짓

따라서 C는 업무를 완료하지 않았고, B는 업무를 완료하였다. 이 경우 업무를 완료한 사람은 A, B 2명이다. 그러므로 ⓒ은 옳지 않다.

한편 A가 업무를 완료하지 않았다고 가정하면 A, B, C 진술의 참/거짓 상태는 다음과 같다.

구분	앞 문장	뒤 문장
A	참	거짓
B	거짓	참
C	거짓	참

이 경우 C는 업무를 완료하였고, B는 업무를 완료하지 않았으므로 업무를 완료한 사람은 C 1명이다. 그러므로 ㉠은 옳지 않다.

따라서 모든 사람이 업무를 완료한 경우는 없으므로 ⓒ만 옳다.

02 조건추리　　　　　　　　　　　정답 | ②

해설 확정적인 조건부터 정리하면 다음과 같다.

원주	광주	대구
H	C, E	F

남은 사람은 A, B, D, G, I인데, 이 중에서 A, D, G 3명은 F와 함께 출장을 가지 않으므로 나머지 B, I가 대구로 출장을 가야 한다. 또한 A는 대리 2명과 출장을 가므로 이미 차장(C)이 있는 광주로는 출장을 갈 수 없다. 따라서 A는 원주로 출장을 가고, D는 차장이므로 광주로 출장을 간다. 마지막으로 남은 G는 원주로 출장을 간다. 이를 정리하면 다음과 같다.

원주	광주	대구
A, G, H	C, D, E	B, F, I

따라서 원주로 출장을 가는 직원은 A, G, H이다.

03 문제해결　　　　　　　　　　　정답 | ②

해설 ⓛ 연구책임자는 연구 실적 3건 이상, 사회과학분야 전공자, 국내 대학교수로 모든 조건을 만족한다. 일반공동연구원은 복합학 전공이지만 연구책임자가 아니므로 자격 조건을 만족하며, 전임연구인력도 박사 학위 소지자로 조건을 만족한다.

㉣ 연구책임자는 연구 실적 3건 이상, 사회과학분야

전공자, 국내 대학 시간강사로 모든 조건을 만족
한다. 일반공동연구원은 비등재지에 논문 1건을
게재한 것을 제외하더라도 연구 실적이 3건 이상
이므로 조건을 만족한다.

| 오답풀이 |

㉠ 일반공동연구원 2명 중 박사 학위 소지자의 연구 실적이
1건뿐이므로 기준에 미달한다.

㉢ 인문학 전공자는 연구책임자가 될 수 없다.

㉤ 국외기관 소속연구자는 연구책임자가 될 수 없다.

04 문제해결　　　　　　　　　　　정답 | ②

해설　㉡ 임금근로자와 자영업자가 각자 부담해
야 하는 4대 사회보험료율은 다음과 같다.

구분	임금근로자	자영업자
산업재해보상보험	－	－
국민연금	5%	10%
고용보험	0.5%	－
건강보험	1.5%	3%
합계	7%	13%

따라서 소득이 x원으로 동일하다면 임금근로자에서
자영업자로 바뀌었을 때 4대 사회보험료 부담이
$\dfrac{0.13x-0.07x}{0.07x} \times 100 = 85.7(\%)$ 증가한다. 즉,
85% 이상 증가한다.

| 오답풀이 |

㉠ 사업주가 임금근로자를 위해 부담하는 4대 사회보험료의
최댓값은 다음과 같다.

- 산업재해보상보험: 임금총액의 6%
- 국민연금: 임금총액의 5%
- 고용보험: 임금총액의 1.5%(＝0.5＋1)
- 건강보험: 임금총액의 1.5%

따라서 최대 임금총액의 6＋5＋1.5＋1.5＝14(%)를 부
담해야 한다.

㉢ 고용자 수에 따라 고용보험료율이 변화하는 것은 사업주
이며, 임금근로자의 고용보험료율은 변동이 없다.

| 풀이 TIP |

㉡에서 7%에서 13%로 변화한 것은 사회보험료'율'이
13－7＝6(%p) 늘어난 것이다. 이때 사용하는 단위는 '%p'
이다. 한편 사회보험료 자체의 증가율은 6%가 아니라는 것
에 유의해야 한다.

05 문제처리　　　　　　　　　　　정답 | ①

해설　A~D가 각자 부담해야 하는 사회보험료는
다음과 같다.

- A: 자영업자의 4대 사회보험료는 연 소득의
  13%이므로 2,000×0.13＝260(만 원)
- B: 임금근로자의 국민연금보험료는 연 소득의
  5%이므로 3,000×0.05＝150(만 원)
- C: 임금근로자의 4대 사회보험료는 연 소득의
  7%이므로 2,000×0.07＝140(만 원)
- D: 자영업자의 국민연금을 제외한 사회보험료는
  연 소득의 3%이므로 4,000×0.03＝120(만 원)

따라서 A＞B＞C＞D이다.

06 문제처리　　　　　　　　　　　정답 | ③

해설　소득은 없고, 재산은 5천만 원으로 농어촌 기
준 1억 1백만 원보다 낮으며, 은행 예치금은 450만
원으로 500만 원 이하이다. 따라서 긴급복지지원제
도의 혜택을 받을 수 있으며, 향후 1년간 지급되는
지원금 최대 금액은 다음과 같다.

- 생계유지비: 35×2×6＝420(만 원)
- 의료비: 20×2×2＝80(만 원)
- 주거비: 20×2×12＝480(만 원)

따라서 1년간 지급받을 수 있는 예상 금액은 420＋
80＋480＝980(만 원)이다.

07 문제처리　　　　　　　　　　　정답 | ①

해설　부양가족이 3명이므로 4인 가구이다. 4인 가
구의 기준중위소득은 월 470만 원이고, 75%는
470×0.75＝352.5(만 원)인데 B 씨의 월 소득이
360만 원이므로 소득기준을 충족하지 못한다. 따라
서 긴급복지지원제도의 혜택을 받지 못해 지급받는
금액은 0원이다.

08 문제해결　　　　　　　　　　　정답 | ⑤

해설　㉠ 10시까지 방문한 사람은 10명이고, 이때
대기 중인 사람은 7명이다. 따라서 10시까지 상
담을 완료한 사람은 10－7＝3(명)이다.

㉢ 시간대별로 방문한 인원은 다음과 같다.

(단위: 명)

기록 시간	누적 방문인원	시간대별 방문 인원
09:00	0	—
10:00	10	$10-0=10$
11:00	25	$25-10=15$
12:00	39	$39-25=14$
13:00	41	$41-39=2$
14:00	53	$53-41=12$
15:00	66	$66-53=13$
16:00	74	$74-66=8$
17:00	84	$84-74=10$

따라서 가장 많은 인원이 방문한 시간대는 15명이 방문한 10시 직후부터 11시까지이다.

ⓔ 시간대별로 상담을 완료한 인원은 다음과 같다.

(단위: 명)

기록 시간	누적 방문인원	대기자 수	누적 상담 완료 인원	시간대별 상담 완료 인원
09:00	0	0	0	—
10:00	10	7	$10-7=3$	$3-0=3$
11:00	25	12	$25-12=13$	$13-3=10$
12:00	39	11	$39-11=28$	$28-13=15$
13:00	41	1	$41-1=40$	$40-28=12$
14:00	53	3	$53-3=50$	$50-40=10$
15:00	66	5	$66-5=61$	$61-50=11$
16:00	74	1	$74-1=73$	$73-61=12$
17:00	84	0	84	$84-73=11$

따라서 가장 많은 인원이 상담을 완료한 시간대는 15명이 상담을 완료한 11시 직후부터 12시까지이다.

| 오답풀이 |

ⓒ 9시 직후부터 12시까지 방문한 인원은 $39-0=39$(명)이고, 13시 직후부터 17시까지 방문한 인원은 $84-41=43$(명)이다. 따라서 9시 직후부터 12시까지 방문한 인원이 더 적다.

| 풀이 TIP |

누적 방문인원과 대기자 수에 대한 개념을 이해하여 이로부터 상담 완료 인원을 유추할 수 있어야 한다.

01	④	02	④	03	②	04	④
05	②	06	⑤	07	③		

01 물적자원관리 정답 | ④

해설 비품별 주문 수량은 다음과 같다.

• 복사용지: $3+2+1+2=8$(박스)가 필요하고, 현재 재고가 8박스이다. 따라서 최소 보유 수량인 5박스만 구입한다.

• 볼펜: $20+10+30+20=80$(개)가 필요하고, 현재 재고가 100개이다. 따라서 80개를 나눠주고 나면 20개가 남으므로 최소 보유 수량을 맞추기 위해 30개를 더 구입한다.

• 박스테이프: $5+3+3+4+2=17$(개)가 필요하고, 현재 재고가 10개이다. 따라서 7개를 추가 구입하고, 최소 보유 수량 10개를 더 구입하여 총 17개를 구입한다.

• 포스트잇: $10+12+8+9+4=43$(개)가 필요하고, 현재 재고가 30개이다. 따라서 13개를 추가로 구입하고, 최소 보유 수량 10개를 더 구입하여 총 23개를 구입한다.

• 서류봉투: $2+4+3+2=11$(묶음)이 필요하고, 현재 재고가 20묶음이므로 다 나눠주어도 최소 보유 수량 5묶음보다 재고가 많다. 따라서 추가로 구입하지 않는다.

따라서 총주문 비용은 $5\times20,000+30\times3,000+17\times2,000+23\times5,000=339,000$(원)이다.

02 인적자원관리 정답 | ④

해설 A는 어학성적이 750점 미만이므로 불합격이고, D는 전공이 화학이므로 불합격이다.

남은 전기 직렬 지원자는 E, G이다. E의 점수는 $85\times0.2+90\times0.3+90\times0.5=89$(점)이고, 가점은 $2+3+1=6$(점)인데, 가점은 최대 5점이므로 총점은 94점이다. G의 점수는 $80\times0.2+90\times0.3+100\times0.5=93$(점)이고, 가점은 1점이므로 총점은 94점이다. 총점이 동일하므로 E와 G 중 면접점수가 더 높은 G가 합격한다.

건축 직렬 지원자는 B, C, F, H이다. B의 점수는 $100\times0.2+90\times0.3+80\times0.5=87$(점)이고, 가점은 동일 분야의 자격증은 1개만 인정하므로 2점이어서 총점은 89점이다. C의 점수는 $95\times0.2+80\times$

$0.3+90×0.5=88$(점)이고, 가점이 없으므로 총점은 88점이다. F의 점수는 $90×0.2+80×0.3+80×0.5=82$(점)이고, 가점은 $1+3+3=7$(점)인데, 가점은 최대 5점이므로 총점은 87점이다. H의 점수는 $85×0.2+90×0.3+80×0.5=84$(점)이고, 가점은 $3+3=6$(점)인데, 가점은 최대 5점이므로 총점은 89점이다. 따라서 B와 H가 89점으로 최고점이고, B와 H는 면접점수와 필기점수가 동일하고, 서류점수는 B가 더 높으므로 B가 합격한다.

03 시간자원관리

정답 | ②

해설 • 대전역-서울역으로 가는 경우
택시-KTX-택시를 이용하는 방법이 가장 빠르다. 오전 10시 30분까지 도착해야 하므로 오전 10시 30분에 도착했다고 가정하고 거꾸로 생각해본다. 서울역에서 L호텔까지 택시를 타면 13분이 소요되므로 서울역에서 늦어도 오전 10시 17분에 택시를 타야 한다. KTX가 1시간 3분이 소요되므로 서울역에 오전 10시 17분까지 도착하려면 대전역에서 늦어도 오전 9시 14분에는 KTX를 타야 한다. 대전역-서울역 KTX는 오전 5시부터 40분 간격으로 운행하므로 오전 9시 14분 전 가장 마지막으로 탈 수 있는 KTX는 오전 9시에 출발하는 KTX이다. 오전 9시 출발 KTX를 타기 위해서는 역에 적어도 10분 전에 도착해야 하므로 대전역에 오전 8시 50분까지 도착해야 한다. 회사에서 대전역까지 가장 빠른 수단은 택시이고, 16분이 소요되므로 회사에서 늦어도 오전 8시 34분에는 출발해야 한다.
• 서대전역-용산역으로 가는 경우
택시-KTX-지하철을 이용하는 방법이 가장 빠르다. 용산역에서 L호텔까지 지하철을 타면 14분이 소요되므로 용산역에서 늦어도 오전 10시 16분에 지하철을 타야 한다. KTX가 1시간 10분이 소요되므로 용산역에 오전 10시 16분까지 도착하려면 서대전역에서 적어도 오전 9시 6분에는 KTX를 타야 한다. 서대전역-용산역 KTX는 오전 6시부터 1시간 간격으로 운행하므로 오전 9시 6분 전 가장 마지막으로 탈 수 있는 KTX는 오전 9시 출발 KTX이다. 오전 9시 출발 KTX를 타기 위해서는 역에 적어도 10분 전에 도착해야 하므로 서대전역에 오전 8시 50분까지 도착해야 한다. 회사에서 서대전역까지 가장 빠른 수단은 택시이고, 14분이 소요되므로 회사에서 늦어도 오전 8시 36분에는 출발해야 한다.

따라서 발표 시작 한 시간 전까지 학회장에 도착하면서 회사에서 최대한 늦게 출발하려면 늦어도 오전 8시 36분에는 출발해야 한다.

04 예산자원관리

정답 | ④

해설 KTX가 1시간 이상 걸리므로 학회장에 오전 10시까지 도착하려면 오전 9시보다 전에 출발하는 KTX를 타야 한다. 오전 7시 반~오전 9시 중 대전역-서울역 KTX는 오전 7시 40분, 오전 8시 20분에 출발하는데 회사에서 대전역까지 적어도 16분이 소요되므로 오전 8시 20분 KTX만 탈 수 있다. 서대전역-용산역 KTX는 오전 8시에 출발하는 KTX만 탈 수 있다.
만약 오전 8시 20분 대전역-서울역 KTX를 탄다면 어떤 이동수단을 선택해도 대전역에 오전 8시 10분까지 도착할 수 있으므로 가장 저렴한 버스를 탄다. 대전역-서울역 KTX는 23,700원이다. 오전 9시 23분에 서울역에 도착하면 어떤 이동수단을 선택해도 L호텔에 오전 10시까지 도착할 수 있으므로 가장 저렴한 지하철을 탄다. 이 경우 총이동비용은 $1,200+23,700+1,250=26,150$(원)이다.
만약 오전 8시 서대전역-용산역 KTX를 탄다면 택시 또는 버스를 타는 경우에만 오전 7시 50분까지 서대전역에 도착할 수 있다. 이 중 저렴한 수단은 버스이다. 서대전역-용산역 KTX는 23,400원이다. 오전 9시 10분에 용산역에 도착하면 어떤 이동수단을 선택해도 L호텔에 오전 10시까지 도착할 수 있으므로 가장 저렴한 버스를 탄다. 이 경우 총이동비용은 $1,650+23,400+1,200=26,250$(원)이다.
따라서 학회 시작 시간인 10시까지 학회장에 도착하면서 가장 저렴한 총이동비용은 26,150(원)이다.

05 정보처리능력

정답 | ②

해설 ㉡ 성별 숫자가 1이므로 1900~1999년에 태어난 한국인 남성이다. 따라서 생년월일은 1921년 4월 30일이고, 출생지역 조합번호가 10이므로 부산광역시에서 태어났다.

| 오답풀이 |
㉠ 성별 숫자가 4이므로 2000~2099년에 태어난 한국인 여성이다. 따라서 생년월일은 2012년 12월 12일이고, 출생지역 조합번호가 45이므로 충청남도에서 태어났다.
㉢ 성별 숫자가 4이므로 2000~2099년에 태어난 한국인 여

성이다. 따라서 생년월일은 2020년 11월 24일인데, 2020년 10월 이후에는 출생지역 조합번호, 출생지역의 출생신고 순번, 오류검증 번호가 무작위 숫자로 부여되므로 제주도에서 태어났는지는 알 수 없다.

| 풀이 TIP |
문제에서 예외적인 상황에 대해 설명해 놓은 부분이 있다면 반드시 표시하고 기억해 두어야 한다.

06 정보처리능력 정답 | ⑤

해설 생년월일이 1958년 5월 8일이므로 앞 6자리는 580508이고, 1900~1999년에 울산광역시에서 태어난 한국인 여성이므로 뒤 7자리는 285 또는 290으로 시작한다. 따라서 ①, ②는 정답이 될 수 없다.

285 또는 290 뒤 3자리는 어떤 번호든지 가능하고, 580508−290374의 마지막 오류검증 번호는 다음과 같이 구할 수 있다.

$5 \times 2 + 8 \times 3 + 0 \times 4 + 5 \times 5 + 0 \times 6 + 8 \times 7 + 2 \times 8 + 9 \times 9 + 0 \times 2 + 3 \times 3 + 7 \times 4 + 4 \times 5 = 269$이고, 이를 11로 나누면 나머지는 5이다. 따라서 마지막 번호는 $11 - 5 = 6$이다.

| 오답풀이 |
①, ② 출생지역 조합번호가 잘못되었다.
③ 580508−285331의 마지막 오류검증 번호는 다음과 같이 구할 수 있다.
$5 \times 2 + 8 \times 3 + 0 \times 4 + 5 \times 5 + 0 \times 6 + 8 \times 7 + 2 \times 8 + 8 \times 9 + 5 \times 2 + 3 \times 3 + 3 \times 4 + 1 \times 5 = 239$이고, 이를 11로 나누면 나머지는 8이다. 따라서 마지막 번호는 $11 - 8 = 3$이다.
④ 580508−285241의 마지막 오류검증 번호는 다음과 같이 구할 수 있다.
$5 \times 2 + 8 \times 3 + 0 \times 4 + 5 \times 5 + 0 \times 6 + 8 \times 7 + 2 \times 8 + 8 \times 9 + 5 \times 2 + 2 \times 3 + 4 \times 4 + 1 \times 5 = 240$이고, 이를 11로 나누면 나머지는 9이다. 따라서 마지막 번호는 $11 - 9 = 2$이다.

07 정보처리능력 정답 | ③

해설 제품 코드, 생산지 정보, Serial 번호는 이전과 동일하므로 모든 선택지의 BK 이후 수 문자는 관리번호와 축약번호가 동일하다. 또한 36진수를 활용한다고 하였으므로 축약번호에서 9 이후의 숫자는 다음과 같은 알파벳에 대응된다.

A	B	C	D	E	F	G	H	I	J	K	L	M
10	11	12	13	14	15	16	17	18	19	20	21	22

N	O	P	Q	R	S	T	U	V	W	X	Y	Z
23	24	25	26	27	28	29	30	31	32	33	34	35

따라서 121220BK100은 12가 C로, 20이 K로 바뀌므로 CCKBK100이 된다.

| 오답풀이 |
① 130109BK010 → 앞 세 자리가 D, 1, 9가 되어야 하므로 D19BK010으로 바뀐다.
② 191014BK024 → 앞 세 자리가 J, A, E가 되어야 하므로 JAEBK024로 바뀐다.
④ 210810BK003 → 앞 세 자리가 L, 8, A가 되어야 하므로 L8ABK003으로 바뀐다.
⑤ 161115BK045 → 앞 세 자리가 G, B, F가 되어야 하므로 GBFBK045로 바뀐다.

01	③	02	⑤	03	③	04	⑤	05	②
06	②	07	②	08	③	09	③	10	②
11	④	12	⑤	13	③	14	②	15	③
16	④	17	④	18	②	19	②	20	③
21	⑤	22	②	23	③	24	①	25	⑤
26	③	27	③	28	④	29	③	30	③
31	④	32	④	33	③	34	③	35	⑤
36	③	37	③	38	②	39	①	40	③
41	④	42	③	43	②	44	②	45	⑤
46	⑤	47	③	48	⑤	49	⑤	50	②

01 명제추리   정답 | ③

해설 전제2의 대우명제를 고려하면 다음과 같은 벤다이어그램을 그릴 수 있다.

'파마'가 '미용실'을 포함하고 있으므로 '미용실 → 파마'가 항상 성립한다. 따라서 정답은 ③이다.

| 풀이 TIP |

전제1과 전제2 모두 some 개념이 등장하지 않으므로 삼단논법을 사용하여 문제를 풀 수 있다. 미용실을 가는 사람을 '미', 염색을 좋아하는 사람을 '염', 파마를 좋아하는 사람을 '파'라고 표시하자. 전제1과 전제2를 다시 써보면 다음과 같다.

- 전제1: 미 → 염
- 전제2: ~파 → ~염

전제1과 전제2에서 모두 '염'이 등장하므로 '염'이 전제1과 전제2를 연결하는 연결고리, 즉 매개념이다. 매개념을 이용하기 위해 전제2의 대우명제를 구해보면 '염 → 파'이므로, 전제1과 전제2를 서로 연결하면 '미 → 파'라는 결론을 내릴 수 있다. 따라서 정답은 ③이다.

02 명제추리   정답 | ⑤

해설 전제1을 만족하는 벤다이어그램은 [그림1]과 같다.

[그림1]

여기에 전제2를 덧붙인 기본적인 벤다이어그램은 [그림2]와 같이 나타낼 수 있으며, '내성'과 '영화'의 공통영역에 해당하는 색칠된 부분이 반드시 존재해야 한다.

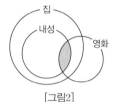

[그림2]

[그림2]에서 매개념 '내성'을 제외한 '집'과 '영화' 사이의 관계를 보면, 둘 사이에 뚜렷한 포함관계가 존재하진 않으나 최소한 색칠한 부분만큼은 공통으로 포함하고 있다는 것을 알 수 있다. 즉, '집'과 '영화' 사이엔 반드시 공통영역이 존재한다. 따라서 정답은 ⑤이다.

| 풀이 TIP |

전제2에 "어떤 ~는 ~이다."라는 some 개념이 있으므로 벤다이어그램을 활용한다. 내성적인 사람을 '내', 집에 있는 것을 좋아하는 사람을 '집', 영화 보는 것을 좋아하는 사람을 '영'이라고 표시하자. some 개념이 없는 전제1부터 벤다이어그램으로 표현하면 [그림3]과 같다.

[그림3]

여기에 전제1을 덧붙인 기본적인 벤다이어그램은 [그림4]와 같이 나타낼 수 있으며, '내'와 '영'의 공통영역에 해당하는 색칠된 부분이 반드시 존재해야 한다.

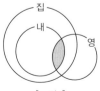

[그림4]

여기서 소거법을 사용하여 정답을 찾아보자. [그림4]를 보면

①, ③은 옳지 않다는 것을 알 수 있다. 한편 [그림4]의 색칠된 부분이 존재하기만 하면 '영'의 범위를 [그림5]와 같이 더 늘릴 수도, [그림6]과 같이 더 줄일 수도 있다.

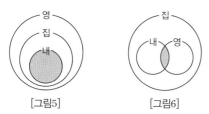

[그림5]의 경우 ④가 옳지 않다는 것을 알 수 있고 [그림6]의 경우 ②가 옳지 않다는 것을 알 수 있다. 어떠한 경우에도 항상 참인 결론을 골라야 하므로 ①~④는 정답이 될 수 없고 소거법에 의해 ⑤가 정답임을 알 수 있다.

03 조건추리   정답 | ③

해설 희진이보다 먼저 결승점에 도착한 사람은 없으므로 1등은 희진이다. 현지와 민서 사이에 결승점에 도착한 사람은 두 명이므로 가능한 경우는 다음과 같다.

1등	2등	3등	4등	5등	6등
희진	현지/ 민서			민서/ 현지	
희진		현지/ 민서			민서/ 현지

이때 나미는 혜민이보다 먼저 결승점에 도착했고 지원이는 나미 바로 다음으로 결승점에 도착했으므로 나미가 3등, 지원이가 4등, 혜민이가 6등임을 알 수 있다. 따라서 달리기 시합에서 3등을 한 사람은 나미이다.

04 조건추리   정답 | ⑤

해설 홍보부 대리의 옆방에는 아무도 배정되지 않으며, 홍보부 사원은 홍보부 대리 바로 아랫방에 배정되므로 4층에는 기획부 사원과 영업부 사원이 배정된다. 이때 3층에는 기획부만이 배정되므로 3층에는 기획부 과장과 기획부 대리가 배정된다. 이에 따라 홍보부 사원 옆방에는 영업부 과장이 배정된다. 영업부 과장과 영업부 사원의 방 번호는 서로 일의 자리 숫자가 다르므로 가능한 경우는 다음과 같다.

기획부 사원	영업부 사원
기획부 과장↔기획부 대리	
×	홍보부 대리
영업부 과장	홍보부 사원

or

영업부 사원	기획부 사원
기획부 과장↔기획부 대리	
홍보부 대리	×
홍보부 사원	영업부 과장

따라서 영업부 과장은 항상 1층에 배정된다.

05 문제처리   정답 | ②

해설 승용차 100,000대 중 10%가 전기택시이므로 전기택시는 10,000대이다. 그런데 국내 전기택시는 모두 5천만 원 미만의 승용차로만 구성되므로, 전기택시가 아닌 5천만 원 미만의 승용차는 80,000−10,000=70,000(대)이다.
차종 및 가격대별 지원대수와 1대당 실제 지원액, 전체 지원액을 정리하면 다음과 같다.

차종	가격대	지원 대수	1대당 실제 지원액	전체 지원액
승용차	5천만 원 미만 (택시×)	70,000대	1,000만 원	70,000×1,000=7,000(억 원)
	5천만 원 미만 (택시)	10,000대	1,500만 원	10,000×1,500=1,500(억 원)
	5천만 원 이상 8천만 원 미만	20,000대	500만 원	20,000×500=1,000(억 원)
화물차	5천만 원 미만	30,000대	1,500만 원	30,000×1,500=4,500(억 원)
	5천만 원 이상 8천만 원 미만	20,000대	750만 원	20,000×750=1,500(억 원)
승합차	5천만 원 미만	1,000대	3,000만 원	1,000×3,000=300(억 원)
	5천만 원 이상 8천만 원 미만	1,000대	1,500만 원	1,000×1,500=150(억 원)

따라서 보조금 총예산 규모는 7,000+1,500+1,000+4,500+1,500+300+150=15,950(억 원)이다. 즉, 1조 5,950억 원이다.

| 풀이 TIP |
단위가 너무 커 계산이 어려울 때 10,000 정도의 단위를 생략하여 계산한다. 예를 들어 택시가 아닌 5천만 원 미만의 승용차 전체 지원액을 계산할 때는 7×1,000=7,000으로 계산을 끝내고, 5천만 원 미만의 승합차 전체 지원액을 계산할 때는 0.1×3,000=300으로 계산을 끝내는 식이다(지원

대수에서 10,000 단위를 한 번 생략하고, 1대당 실제 지원액에서도 10,000 단위를 또 생략함). 그러면 최종 계산 결과는 $7,000+1,500+1,000+4,500+1,500+300+150=15,950$이 나오는데, 선택지를 보면 단위가 헷갈리는 선택지가 없고 숫자의 형태로 모두 구분할 수 있으므로 ②가 정답이라는 것을 쉽게 알 수 있다.

06 물적자원관리
정답 | ②

해설 업체별로 이익을 계산하면 다음과 같다.

- A: 월 1,200잔을 판매하기 위해서는 $1,200÷20=60$(kg)의 원두를 구입해야 한다. 50kg 이상 구입 시 10%가 할인되므로 원두 구입 금액은 $60×13,000×0.9=702,000$(원)이다. 월 판매 금액은 $1,200×2,500=3,000,000$(원)이므로 이익은 $3,000,000-702,000=2,298,000$(원)이다.
- B: 월 1,500잔을 판매하기 위해서는 $1,500÷20=75$(kg)의 원두를 구입해야 한다. 50kg 이상 구입 시 kg당 1,000원이 할인되므로 원두 구입 금액은 $75×(15,000-1,000)=1,050,000$(원)이다. 월 판매 금액은 $1,500×2,500=3,750,000$(원)이므로 이익은 $3,750,000-1,050,000=2,700,000$(원)이다.
- C: 월 1,300잔을 판매하기 위해서는 $1,300÷20=65$(kg)의 원두를 구입해야 한다. 원두 구입 금액은 $12,000×65=780,000$(원)이고, 월 판매 금액은 $1,300×2,500=3,250,000$(원)이므로 이익은 $3,250,000-780,000=2,470,000$(원)이다.
- D: 월 1,400잔을 판매하기 위해서는 $1,400÷20=70$(kg)의 원두를 구입해야 한다. 100kg 미만으로 구입하였으므로 할인을 받지 못한다. 따라서 원두 구입 금액은 $14,000×70=980,000$(원)이고, 월 판매 금액은 $1,400×2,500=3,500,000$(원)이므로 이익은 $3,500,000-980,000=2,520,000$(원)이다.
- E: 월 1,100잔을 판매하기 위해서는 $1,100÷20=55$(kg)의 원두를 구입해야 한다. 원두 구입 금액은 $55×11,000=605,000$(원)이고, 월 판매 금액은 $1,100×2,500=2,750,000$(원)이므로 이익은 $2,750,000-605,000=2,145,000$(원)이다.

따라서 이익이 가장 큰 B업체를 선정한다.

07 인적자원관리
정답 | ②

해설 A~D 중 유일하게 B만 승진에 필요한 최소 소요 연수를 채우지 못했다. 최소 소요 연수를 채운 A, C, D의 부문별 승진 기준 점수는 다음과 같다.

(단위: 점)

구분	A(2년)	C(4년)	D(6년)
상사평가부문	400	800	1,200
실적부문	800	1,200	1,200
사내행사 참여부문	0	400	1,200

- A: 3개 부문 모두 기준 점수를 넘기지만, 실적부문에서 핵심실적이 50%를 넘지 못하였으므로 승진할 수 없다.
- C: 사내행사참여부문에서 50점이 모자라지만, 핵심실적이 100점 이상 남는다면 부족한 점수를 대체할 수 있다. 핵심실적에서 100점을 차감하여도 실적부문은 1,700점으로 기준치를 넘고, 핵심실적의 비중도 50% 이상이므로 핵심실적 100점으로 사내행사참여부문의 부족한 50점을 대체할 수 있다. 따라서 승진 가능하다.
- D: 사내행사참여부문에서 150점이 모자라지만, 핵심실적이 300점 이상 남는다면 부족한 점수를 대체할 수 있다. 핵심실적에서 300점을 차감하면 실적부문은 1,050점으로 기준치를 넘지 못한다. 따라서 대체가 되지 않고, 승진할 수 없다.

따라서 올해 승진이 가능한 사람은 C 1명이다.

| 풀이 TIP |

'※' 표시가 있는 곳에 정답과 오답을 가르는 핵심적인 정보가 많이 담겨 있으므로 해당 부분을 주의해야 한다.

08 인적자원관리
정답 | ③

해설 1년 후 A~D의 승진 관련 정보는 다음과 같다.

(단위: 년, 점)

구분	A	B	C	D
현재 직급	사원	대리	대리	과장
현재 직급에서의 재직기간	3	4	5	7

현재 직급에서의 재직기간 중 점수 총점	상사평가부문	600	840	1,080	1,440
	실적부문 핵심	360	840	1,200	1,020
	실적부문 일반	840	840	960	600
	사내행사 참여부문	120	480	420	1,260

A~D 모두 승진에 필요한 최소 소요 연수를 채웠으므로 승진 대상자다. A~D의 부문별 승진기준 점수는 다음과 같다.

(단위: 점)

구분	A(3년)	B(4년)	C(5년)	D(7년)
상사평가 부문	600	800	1,000	1,400
실적부문	1,200	1,200	1,500	1,400
사내행사 참여부문	0	400	500	1,400

- A: 3개 부문 모두 기준 점수를 넘기지만, 실적부문에서 핵심실적이 50%를 넘지 못하였으므로 승진할 수 없다.
- B: 3개 부문 모두 기준 점수를 넘기고, 핵심실적 비중도 50% 이상이므로 승진 가능하다.
- C: 사내행사참여부문에서 80점이 모자라지만, 핵심실적이 160점 이상 남는다면 부족한 점수를 대체할 수 있다. 핵심실적에서 160점을 차감하여도 실적부문은 2,000점으로 기준치를 넘고, 핵심실적의 비중도 50% 이상이므로 핵심실적 160점으로 사내행사참여부문의 부족한 80점을 대체할 수 있다. 따라서 승진 가능하다.
- D: 사내행사참여부문에서 140점이 모자라지만, 핵심실적이 280점 이상 남는다면 부족한 점수를 대체할 수 있다. 핵심실적에서 280점을 차감하면 실적부문은 1,340점으로 기준치를 넘지 못한다. 따라서 대체가 되지 않고, 승진할 수 없다.

따라서 승진이 가능한 사람은 B, C 2명이다.

| 풀이 TIP |
1년이 지나면 각자의 점수뿐만 아니라 기준도 높아진다는 점에 주의해야 한다.

09 문제해결 　　　　　　정답 | ③

해설 근로소득이 255만 원이고, 기타소득이 50만

원이며, 재산의 소득환산액이 23만 원인 A 씨의 소득평가액은 $\{0.7 \times (255-103)\}+50=156.4$(만 원)이고, 소득인정액은 $156.4+23=179.4$(만 원)으로 단독가구라도 소득인정액이 선정기준액 이하이므로 옳다.

| 오답풀이 |

① '소득인정액 산정방식'에 따르면 공공일자리소득은 근로소득에서 제외되고, 공적이전소득은 기타소득에 포함되므로 옳지 않다.

② '2. 대상자'에 따르면 부부 중 한 명만 신청하는 경우도 부부가구에 해당하여 선정기준액 288만 원 이하까지 기초연금 대상자에 해당하므로 옳지 않다.

④ '2. 대상자'에 따르면 공무원연금 수급권자는 기초연금 수급대상에서 제외되므로 옳지 않다.

⑤ '2. 대상자'에 따르면 만 65세 이상이고, 대한민국 국적을 가지며 국내에 거주 중인 사람만 기초연금 대상자에 해당하므로 옳지 않다.

10 이동거리/경로 　　　　　　정답 | ②

해설 가능한 경로는 회사−A−C−B−D−E−집, 회사−A−D−E−B−C−집, 회사−B−C−A−D−E−집, 회사−B−E−D−A−C−집이다. 경로별 이동거리는 다음과 같다.

- 회사−A−C−B−D−E−집:
  $20+12+13+18+14+12=89$(km)
- 회사−A−D−E−B−C−집:
  $20+16+14+15+13+30=108$(km)
- 회사−B−C−A−D−E−집:
  $24+13+12+16+14+12=91$(km)
- 회사−B−E−D−A−C−집:
  $24+15+14+16+12+30=111$(km)

따라서 최단경로는 회사−A−C−B−D−E−집이고, 이때 총이동거리는 89km이다.

11 추론 　　　　　　정답 | ④

해설 2문단에서 코드쉐어는 2개의 항공사가 1개의 항공기를 이용해 운항하는 것으로 다양한 노선의 확보를 통해 더 큰 이득을 얻을 수 있기 때문에 이루어진다고 하였다. 따라서 월요일에만 런던으로 취항하는 항공사이더라도 코드쉐어 항공편을 구매하면 다른 요일에도 런던으로 출발할 가능성도 있을 것임을 추론할 수 있다.

| 오답풀이 |

① 3문단에서 보통의 항공권은 항공사 영어 이니셜＋숫자 세 자리로 이루어져 있는데, 코드쉐어일 경우 뒤의 숫자가 네 자리로 입력돼 있다고 하였으므로 항공권의 뒷자리 숫자가 '543'으로 세 자리일 경우 코드쉐어가 아닌 보통 항공권일 것임을 알 수 있다.

② 4문단에서 코드쉐어를 이용하면 더 비싼 항공기를 타게 되어 저렴하게 이용하는 효과를 볼 수도 있지만, 반대로 티켓을 비싸게 사서 비교적 저렴한 항공사의 항공기를 타게 되는 경우도 있다고 하였다. 따라서 왕복 항공권을 모두 코드쉐어 항공권을 구매한다고 해서 항상 그렇지 않은 경우보다 전체 비용이 저렴한 것은 아니다.

③ 2문단에서 코드쉐어는 보통 동맹항공사들 사이에서 이뤄진다고 하였다. 즉 대형항공사의 코드쉐어 항공권을 구매하였다면 동맹항공사 중 또 다른 대형항공사 또는 저비용 항공사의 항공기를 이용하게 되는 것이므로 실제로 탑승하는 항공사의 규모가 더 작을 것이라고 보기 어렵다.

⑤ 3문단에서 보통의 항공권은 항공사 영어 이니셜＋숫자 세 자리로 이뤄져 있는데 코드쉐어일 경우 뒤의 숫자가 네 자리로 입력돼 있다고 하였다. 따라서 코드쉐어의 항공편을 구매한 경우에도 항공권 번호는 구매한 항공사의 영어 이니셜인 'KE'일 것임을 알 수 있다.

12 빈칸 넣기   정답 | ⑤

해설 [보기]에서 B사원의 마지막 발언에 선행하는 A사원 발언은 지상조업 안전관리 강화방안에서 지상조업사의 장비의 구매 및 관리 업무와 관련하여 변화하는 부분에 대해 질문하는 내용이다. 따라서 B사원의 마지막 발언에는 이에 관한 내용인 지상조업사들이 함께 장비를 임대하여 활용하는 장비 공유제, 정부가 기술개발 등을 지원하는 노후 특수차량의 친환경적 개조 등에 대한 내용이 들어갈 수 있다. 따라서 정답은 ⑤이다.

13 내용일치   정답 | ③

해설 4문단에서 자연법 사상은 근대적 법체계를 세우는 데에 중요한 기반을 제공하였고, 자유와 평등의 가치가 법과 긴밀한 관계를 맺도록 하는 데 이바지하였다고 언급하고 있다. 따라서 서구의 근대적 법체계에는 평등의 이념이 담겨 있다고 보아야 한다.

| 오답풀이 |

① 1문단에서 자연법은 인위적으로 제정되는 것이 아니라 인간의 경험에 앞서 존재하는 본질적인 것이라고 언급하

고 있다. 이와 달리 실정법은 5문단에서 국가의 입법 기관에서 제정하여 현실적으로 효력을 갖는 법률이라고 언급하고 있다.

② 4문단에서 18세기 미국의 독립 선언(1776년)에 자연법의 영향이 나타난다고 언급하고 있다. 5문단에 따르면 법률 실증주의는 19세기에 새롭게 등장한 이론이다.

④ 2문단에서 서구 중세의 신학에서는 자연법을 인간 이성에 새겨진 신의 법이라고 이해하였다고 언급하고 있다. 따라서 중세의 신학에서는 신의 법에 인간의 이성을 관련시켰다고 보아야 한다.

⑤ 4문단에서 프랑스 대혁명기의 인권 선언에서는 자유권, 소유권, 생존권, 저항권을 불가침의 자연법적 권리로 선포하였다고 언급하고 있다. 따라서 프랑스 대혁명에서 저항권 역시 인간의 기본적 권리로 인정되었다고 보아야 한다.

14 어휘   정답 | ②

해설 '실현하다'는 '꿈, 기대 따위를 실제로 이루다'라는 뜻의 단어이다. '가져오다'는 '어떤 결과나 상태를 생기게 하다'라는 뜻의 단어이므로 ㉠과 바꿔 쓰기에 가장 적절한 것은 '가져올'이다.

| 오답풀이 |

① '가늠하다'는 '목표나 기준에 맞고 안 맞음을 헤아려 보다'라는 뜻의 단어이다.

③ '기다리다'는 '어떤 사람이나 때가 오기를 바라다'라는 뜻의 단어이다.

④ '떠올리다'는 '기억을 되살려 내거나 잘 구상되지 않던 생각을 나게 하다'라는 뜻의 단어이다.

⑤ '헤아리다'는 '짐작하여 가늠하거나 미루어 생각하다'라는 뜻의 단어이다.

15 문단배열   정답 | ③

해설 주어진 글의 첫 번째 문단에서는 기술 결정론적 관점을 경계해야 하는 이유를 밝히고 있다. 또한 (가)는 사회 구조론적 관점의 한계를 말하고 있다. (나)는 기술 결정론적 관점과 사회 구조론적 관점을 극복할 수 있는 기술의 사회적 형성론이 필요함을 말하고 있다. (다)는 기술 결정론적 관점의 한계를 제시하고 있다. 마지막으로 (라)는 테크놀로지와 사회 구조의 상호 작용을 말하고 있다.

각 문단의 내용을 바탕으로 지문을 구성하면 가장 먼저 기술 결정론적 관점을 경계해야 함을 밝히는 첫 번째 문단 뒤에 기술 결정론적 관점의 한계를 말하는 (다)가 와야 한다. 그리고 또 하나의 관점인 사

회 구조론적 관점의 한계를 말하는 (가)를 제시한 뒤, 둘의 한계를 극복할 수 있는 방안을 제시하는 (나)를 제시하고, 마지막으로 (라)가 와야 글의 흐름이 자연스럽다.

16 중심내용 찾기 정답 | ④

해설 ⓒ (나)는 중심지 이론의 내용을 요약적으로 제시한 단락이다. (다)와 (라)에서 네트워크 도시 체계론을 설명하기에 앞서 과거의 주류 이론이었던 중심지 이론을 먼저 설명하고 있을 뿐, 중심지 이론의 문제점을 분석하지 않았다.

ⓔ (라)에서는 배튼의 네트워크 도시 체계론을 소개하고, 네트워크 도시의 특징을 설명하고 있다.

| 오답풀이 |

ⓐ (가)는 도입부로서, 중심지 이론의 대체 이론으로 부상한 네트워크 도시 체계론을 소개하고 있다.

ⓒ (다)에서는 정보화와 세계화로 인한 세계 경제 환경의 변화가 (라)에서 이어지는 네트워크 도시 체계론의 등장 배경임을 제시하고 있다.

17 자료이해 정답 | ④

해설 2020년 30대 과의존위험군에서 고위험군이 차지하는 비중은 $\frac{4.1}{22.7} \times 100 ≒ 18.1(\%)$이다.

| 오답풀이 |

① 2020년 50대 일반사용자군은 과의존위험군의 $\frac{82.3}{17.7}$ ≒4.6(배)이다.

② 매년 과의존위험군이 전년 대비 증가한 연령대는 3∼9세, 20대, 40대, 50대, 60대로 5개이다.

③ 2020년 40대의 잠재적위험군은 고위험군의 $\frac{15.9}{3.6}$ ≒4.4(배), 50대의 잠재적위험군은 고위험군의 $\frac{14.3}{3.4}$ ≒4.2(배), 60대의 잠재적위험군은 고위험군의 $\frac{13.6}{3.2}$ ≒4.3(배)이다.

⑤ 2020년 60대의 과의존위험군은 2016년 대비 16.8－13.0＝3.8(%p) 증가했다.

18 자료이해 정답 | ②

해설 ⓐ 2020년 제품내수량은 4년 전 대비 924,200－877,179＝47,021(천 배럴) 감소했다.

ⓒ 2018년에 전년 대비 수치가 감소한 세부 항목은 원유수입량, 정제투입량, 제품내수량, 국제방카링 4개이다.

| 오답풀이 |

ⓑ 항목별로 원료는 2017년, 제품공급은 2019년, 제품수요와 재고는 2018년에 수치가 가장 컸다.

ⓔ 2019년 원료재고는 2016년 대비 $\frac{(8,761-7,262)}{7,262}$ $\times 100 ≒ 20.6(\%)$ 증가했다.

19 자료이해 정답 | ②

해설 2021년 4분기 형법범 검거건수는 총 5,773＋25,453＋53,109＋53,651＋1,722＋20,543＝160,251(건)이다.

| 오답풀이 |

① 2021년 4분기 폭력범 검거율은 $\frac{53,109}{63,278} \times 100 ≒ 83.9(\%)$이다.

③ 2021년 4분기 절도범 발생건수는 강력범 발생건수의 $\frac{47,164}{6,504}$ ≒7.3(배)이다.

④ 2021년 4분기 형법범 검거건수 중 지능범 검거건수가 차지하는 비중은 $\frac{53,651}{160,251} \times 100 ≒ 33.5(\%)$이다.

⑤ 2021년 4분기 형법범 발생건수와 검거건수가 많은 범죄 항목 순서는 모두 지능범, 폭력범, 절도범, 기타형법범, 강력범, 풍속범 순으로 같다.

| 풀이 TIP |

②와 ④의 경우 150,251의 33.5%는 150,251×0.335≒50,334(건)이므로 2021년 4분기 형법범 검거건수 또는 2021년 4분기 형법범 검거건수 중 지능범 검거건수가 차지하는 비중이 틀렸음을 알 수 있다. 따라서 다른 선택지는 계산하지 않고 ②와 ④만 계산해 정답을 알 수 있다.

20 자료계산 정답 | ③

해설 2016년 1인당 온실가스 배출량의 전년 대비 증가율은 $\frac{(13.54-13.58)}{13.58} \times 100 ≒ -0.29(\%)$이므로 2015년 1인당 온실가스 배출량의 전년 대비 증가율은 －0.29－0.15＝－0.44(%)이다. 따라서 2014년 1인당 온실가스 배출량은 $\frac{13.58}{1-0.0044}$ ≒13.64(tCO₂-eq/명)이다.

21 자료변환 　　　　　　　　　정답 | ⑤

해설 전월 대비 경북 주택착공실적 증가량은 8월부터 각각 −460호, 1,230호, 3,149호, −1,668호, 1,619호로 ⑤의 그래프는 옳지 않다.

22 자료계산 　　　　　　　　　정답 | ②

해설 의료급여 진료비가 가장 많은 연도는 56,428,647(천 원)의 2020년이다. 2020년 총수술인원 대비 입원일수는 $\dfrac{2,986,483+174,652}{353,612+12,982}$ $=\dfrac{3,161,135}{366,594}≒8.6(일)$이다.

23 문제처리 　　　　　　　　　정답 | ③

해설 연간 1차 에너지 생산량은 $12 \times 10.4 = 124.8(\text{kWh})$이므로 단위 면적당 1차 에너지 생산량은 $124.8 \div 800 = 0.156(\text{kWh/m}^2)$이고, 연간 1차 에너지 소비량은 $12 \times 16.8 = 201.6(\text{kWh})$이므로 단위 면적당 1차 에너지 소비량은 $201.6 \div 800 = 0.252(\text{kWh/m}^2)$이다. 따라서 에너지 자립률은 $0.156 \div 0.252 \times 100 ≒ 61.9(\%)$이다. 따라서 ZEB 등급은 3등급이다. ZEB 등급 3등급의 건축기준 최대 완화 비율은 13%이다.

| 풀이 TIP |
월 평균 1차 에너지 생산량과 소비량에 모두 12를 곱하고, 800을 나누므로 에너지 자립률은 월 평균 1차 에너지 생산량÷월 평균 1차 에너지 소비량×100으로 계산 가능하다. 따라서 $10.4 \div 16.8 \times 100 ≒ 61.9(\%)$이므로 ZEB 등급은 3등급이고, 건축기준 최대 완화 비율은 13%이다.

24 문제처리 　　　　　　　　　정답 | ①

해설 매매이고, 거래금액이 7억 원이다. 거래금액이 7억 원인 경우 상한요율이 1천분의 5이고, 협의요율이 상한요율보다 높으므로 중개수수료는 상한요율을 적용하여 $700,000,000 \times 0.005 = 3,500,000(원)$이다.

| 오답풀이 |
② 매매이고, 거래금액이 4천 5백만 원이다. 거래금액이 5천만 원 미만인 경우 상한요율이 1천분의 6이고, 협의요율이 상한요율보다 낮으므로 중개수수료는 협의요율을 적용하여 $45,000,000 \times 0.005 = 225,000(원)$이다. 이는 한도액 250,000원 미만이므로 중개수수료는 225,000원

이다.
③ 임대차이고, 거래금액이 1억 6천만 원이다. 거래금액이 1억 원 이상 3억 원 미만인 경우 상한요율이 1천분의 3이고, 협의요율이 상한요율보다 높으므로 중개수수료는 상한요율을 적용하여 $160,000,000 \times 0.003 = 480,000(원)$이다.
④ 임대차이고, 거래금액이 9천만 원이다. 거래금액이 5천만 원 이상 1억 원 미만인 경우 상한요율이 1천분의 4이고, 협의요율과 동일하므로 중개수수료는 협의요율을 적용하여 $90,000,000 \times 0.004 = 360,000(원)$이다. 그런데 한도액이 300,000원이므로 중개수수료는 300,000원이다.
⑤ 매매이고, 거래금액이 11억 원이다. 거래금액이 9억 원 이상인 경우 상한요율이 1천분의 6이고, 협의요율과 동일하므로 중개수수료는 협의요율을 적용하여 $1,100,000,000 \times 0.006 = 6,600,000(원)$이다.

25 문제해결 　　　　　　　　　정답 | ⑤

해설 개인 이외의 경우에는 건당 4천만 원 이상인 경우에 분할납부가 가능하다. 따라서 이 경우에는 분할납부가 불가능하고, 농지전용허가 또는 신고 전에 완납해야 하므로 옳다.

| 오답풀이 |
① 전용농지의 개별공시지가가 58,000원/m²라면 m²당 농지보전부담금은 $58,000 \times 0.3 = 17,400(원)$으로 상한액 50,000원 미만이다. 따라서 농지보전부담금은 $3,000 \times 58,000 \times 0.3 = 5,220(만 원)$이므로 옳지 않다.
② 농지보전부담금의 수납은 한국농어촌공사가 대행하므로 옳지 않다.
③ 농지보전부담금의 부과결정권자는 시장·군수·구청장이므로 A도 B군 상업지역 농지의 농지보전부담금의 부과결정권자는 A군의 도지사와 B군의 군수이므로 옳지 않다.
④ 농지보전부담금의 납부기한은 농지보전부담금 납부통지서 발행일로부터 농지전용허가 또는 농지전용신고 전까지이고, 분할납부 시 농지보전부담금의 30%를 농지전용허가 또는 농지전용신고 전까지 납부하고, 최종 납부일은 해당 목적사업의 준공일 이전이어야 한다. 따라서 일시불로 지불하는 경우에 기한은 농지전용허가 또는 농지전용신고 전까지이므로 옳지 않다.

| 풀이 TIP |
지문과 해당 선택지의 전체 내용을 꼼꼼히 읽고 푸는 것보다 선택지에서 키워드만 찾아서 해당 내용을 지문에서 찾아 확인한다. ①은 산출식, ②는 수납, ③은 부과결정권자, ④는 납부기한, ⑤는 분할납부가 가능한 조건의 키워드를 찾아서 확

인하면 문제를 빠르게 풀 수 있다.

26 문제해결

정답 | ③

해설 ⓒ 수도권 외 지역의 면 지역은 주거 전용면적이 100m² 이하인 경우에 디딤돌 대출을 받을 수 있으나 해당 주택은 평가액이 5억 원을 초과하여 디딤돌 대출을 받을 수 없으므로 옳지 않다.
ⓒ 신혼가구인 경우 대출신청인과 배우자의 합산 총소득이 연 7,000만 원 이하인 경우 디딤돌 대출을 받을 수 있으므로 옳지 않다.

| 오답풀이 |

ⓐ 상속, 증여, 재산분할로 주택을 취득한 경우에는 디딤돌 대출을 받을 수 없으므로 옳다.
ⓔ 만 30세 미만의 단독세대주를 제외하고, 대출신청일 현재 세대주로서 세대주를 포함한 세대원 전원이 무주택인 경우에는 디딤돌 대출을 받을 수 있으므로 만 28세의 공동 세대주는 디딤돌 대출을 받을 수 있다.

| 풀이 TIP |

ⓐ, ⓒ, ⓔ은 대출 대상에 관한 설명이므로 대출 대상 부분을 확인하면 ⓐ, ⓔ은 옳은 설명임을 확인할 수 있다. 따라서 ⓒ에 해당하는 내용을 찾지 않아도 답은 ③임을 알 수 있다.

27 문제해결

정답 | ③

해설 신혼부부의 대출 한도액은 2.2억 원이나 대출금액은 매매가격을 초과할 수 없으므로 옳지 않다.

| 오답풀이 |

① 부부합산 연소득이 4천만 원 초과 7천만 원 이하이고, 대출기간이 15년인 경우 금리는 연 2.25%이다. 생애최초 주택구입자인 경우 0.2%p, 다자녀가구인 경우 연 0.7%p 금리우대를 받아 최종 금리는 2.25−0.2−0.7=1.35(%)이다. 그러나 우대금리 적용 후 최종금리가 연 1.5% 미만인 경우 연 1.5%를 적용하므로 옳다.
② 본인이 아닌 배우자가 청약저축 가입자인 경우에도 금리우대가 된다. 본인의 경우 가입기간이 1년 미만이므로 금리우대를 받을 수 없다. 배우자는 가입기간 3년 이상이라는 요건은 충족하였지만 36회 이상 납부 조건을 충족하지 않았다. 따라서 가입기간이 1년 이상이고, 12회 이상 납부한 경우로 보아 연 0.1%p 금리우대를 받을 수 있으므로 옳다.
④ 중도상환수수료는 3년 이내에 중도상환된 원금에 부과하는 것이므로 옳다.
⑤ 대출 신청시기는 소유권이전등기 이전이어야 하지만 소

유권이전등기를 한 경우에는 이전등기 접수일로부터 3개월 이내까지 신청 가능하므로 옳다.

| 풀이 TIP |

질문의 키워드를 찾고 해당 부분만 확인한다. ①은 대출 금리, ②는 청약저축 우대금리, ③은 대출 한도, ④는 중도상환 수수료, ⑤는 대출 신청시기 부분만 확인하면 문제를 풀 수 있다.

28 문제해결

정답 | ④

해설 ⓐ A기준안에서는 배점 차이가 10점, 5점이지만 B기준안에서는 배점 차이가 20점, 10점으로 B기준안이 더 크다.
ⓒ A기준안은 소득에 대한 배점이 없고 주거지원 필요성 평가항목에서 최대 10점까지만 배점을 받을 수 있다. 반면 B기준안은 소득이 낮을 경우 큰 배점을 부여하며, 주거지원 필요성 평가항목에서 '낮은 소득으로 인한 임대료 부담 가능성'이 독립 항목으로 편성되어 있다. 따라서 A기준안은 B기준안에 비해 주거비 부담 능력을 평가 요소로 반영하지 않는 경향이 있어, 주거비 부담 능력이 높은 대상자가 주거지원사업 대상자로 선정될 가능성이 상대적으로 높다는 비판을 받을 수 있다.
ⓔ A기준안에 따를 경우 세대주 연령 배점이 15점이지만, B기준안에 따를 경우 세대주 연령 배점이 20점이다. 또한 B기준안은 소득이 없는 경우 60점의 배점이 추가로 부여되므로, A기준안에 따를 경우보다 B기준안에 따를 경우에 더 높은 배점을 받는다.

| 오답풀이 |

ⓒ 언급된 조건에 대한 A기준안과 B기준안의 배점은 다음과 같다.

(단위: 점)

구분	A기준안	B기준안
동일건물 거주가구원 수 (세대주 포함)	15	20
최저주거 기준 미달 여부	10	배점 없음
당해지역 연속거주 기간	20	10
세대주 연령	15	20
합계	60	50

따라서 10점 차이가 난다.

㉠과 ㉡이 옳으므로 선택지 구조상 ㉢은 확인할 필요가 없으며, ㉣이 옳은지 옳지 않은지만 판단하면 된다.

29 정보처리능력   정답 | ③

해설 시리얼 넘버 '2009' 뒤에 '04HU'가 있으므로 일본 1공장에서 생산되었다는 것을 알 수 있다.

| 오답풀이 |

① 해당 제품은 STcopy 3D프린터이다.

② 해당 제품은 2020년 9월에 생산되었다.

④ 해당 제품은 2020년 9월에 일본 1공장에서 894번째로 생산되었다. 만약 2020년 9월에, 그것도 일본 1공장에서만 894대를 생산하고 생산을 중단했을 수도 있으므로 지금까지 1,000대 이상 생산되었다고 확언할 수는 없다.

⑤ 시리얼 넘버만으로는 알 수 없다.

30 정보처리능력   정답 | ⑤

해설 ㉡ 제품종류의 상세 분류코드가 다르더라도 같은 상품코드일 수도 있다. 예를 들어 상세 분류코드 0010, 0020은 서로 다르지만, 이 경우 상품코드는 A로 서로 동일하다.

㉢ 시리얼 넘버를 통해 제품의 생산연월은 알 수 있지만, 일은 알 수 없다.

㉣ '220501BOE01301294'는 2022년 5월에 한국 2공장에서 1294번째로 생산된 Hybrid 복합기라는 뜻이다. 따라서 1294가 가장 큰 숫자라 하더라도, 이는 한국 2공장에서 생산한 것만 고려한 것이므로 복합기 업체 전체에서 생산된 Hybrid 복합기가 총 1,294대라고 할 수는 없다. 한국 2공장이 아닌 다른 곳에서 더 생산했을 수도 있다.

| 오답풀이 |

㉠ 생산국가가 다르면 생산공장도 다를 수밖에 없다. 따라서 생산지역의 국가코드가 다르면 생산라인코드도 반드시 다르다.

31 응용수리(거리·속력·시간)   정답 | ④

해설 A, B, C가 동시에 같은 지점에서 만날 때까지 A와 B가 걸은 시간을 x라고 하면, $3x+4.2x=5.76$으로 $x=0.8$이다. 0.8시간을 분으로 환산하면 $0.8\times60=48$(분)이다. C는 A가 출발

한 지 15분 뒤에 출발하므로 $48-15=33$(분) 동안 A가 간 거리인 $3\times0.8=2.4$(km)를 간다. 따라서 C의 속력은 $\dfrac{2.4}{\frac{33}{60}}=\dfrac{2.4\times60}{33}≒4.4$(km/h)이다.

32 응용수리(경우의 수)   정답 | ④

해설 주사위 눈의 조합과 각 조합에 따른 경우의 수는 다음과 같다.

조합	경우의 수
1, 5, 6	3!
2, 4, 6	3!
2, 5, 5	3
3, 3, 6	3
3, 4, 5	3!
4, 4, 4	1

따라서 경우의 수는 $3!+3!+3+3+3!+1=6+6+3+3+6+1=25$(가지)이다.

33 응용수리(방정식)   정답 | ③

해설 원가를 x라고 하면 정가는 $1.1x$이다. 이때 정가에서 15% 할인하여 판매했을 때, 2,275원의 손실이 발생했으므로 $x-(1.1x\times0.85)=(1-0.935)x=0.065x=2,275$이다. 따라서 $x=35,000$이고, 정가는 $35,000\times1.1=38,500$(원)이다.

34 응용수리(사칙연산)   정답 | ③

해설 사회 점수와 평균 점수를 x라고 하면, 과학 점수는 $x-3$이다. 영어 점수를 y라고 하면 수학 점수는 $87\times2-y=174-y$, 국어 점수는 $y-1$이다. 이에 따라 $(y-1)+y+(174-y)+x+(x-3)=5x$이다. $y+170=3x$이고 모든 점수는 정수이므로 $170+y$는 3의 배수이다. y는 80 이상 92 이하의 정수이므로 가능한 수는 82, 85, 88, 91이다. 이때 영어 점수인 y가 82 또는 85라면 수학 점수는 92점 또는 89점이 되어 영어 점수가 가장 높다는 [조건]에 모순된다. 이에 따라 y는 88 또는 91이다. y가 88인 경우 국어 점수는 87점, 영어 점수는 88점, 수학 점수는 86점이다. 따라서 $87+88+86+x+(x-3)=5x$로 $x=86$이 되어 각 과목의 점수는 모두 동점이 아니

라는 [조건]에 모순된다. y가 91인 경우 국어 점수는 90점, 영어 점수는 91점, 수학 점수는 83점으로 $90+91+83+x+(x-3)=5x$이다. 이때 $x=87$로 사회 점수는 87점, 과학 점수는 84점이 되어 모순이 발생하지 않는다. 따라서 승민이의 중간고사 평균 점수는 87점이다.

35 내용일치   정답 | ⑤

해설 5문단을 통해 현대 산업 문명은 고도의 과학 기술을 활용하기 때문에 노예 노동에 의존하던 고대 도시들에 비해 훨씬 많은 양의 지독한 폐기물을 쏟아 내고 있음을 알 수 있다.

| 오답풀이 |
① 1문단에서 인간이 잉여 생산물을 바탕으로 생계 활동에서 해방되었음을 말하고 있다.
② 2문단을 통해 산업화 이전에는 바람이나 물 또는 가축을, 공업화 사회에서는 재생 불가능한 에너지를 주로 사용하였음을 알 수 있다.
③ 4문단을 통해 팽창이 한계를 넘어서면서 로마가 쇠락하기 시작하였음을 알 수 있다.
④ 6문단을 통해 도시는 내부에 자연 자원의 재생산 기반을 거의 갖고 있지 않음을 알 수 있다.

36 사례 찾기   정답 | ④

해설 ㉠은 원자의 핵 에너지를 이용하려는 실용적 연구 목적에 해당한다. ①, ②, ③, ⑤는 모두 실생활에 응용하기 위한 학문 연구라 할 수 있지만, ④는 단순히 인간의 호기심을 충족시키기 위한 것이므로 실용적 목적의 학문 연구라고 할 수 없다.

37 문제해결   정답 | ②

해설 ㉠ 개인형 퇴직연금제도로 인한 세액공제 대상액은 최대 700만 원인데, 연금저축에 가입한 경우에는 연금저축액을 포함하여 세액공제 대상액이 최대 700만 원이다. 즉, 최대 700만 원 안에서 개인형 퇴직연금제도와 연금저축으로 인한 세액공제 혜택을 받을 수 있으므로 연금저축을 납입하고 있다면 그만큼 개인형 퇴직연금제도로 인한 세액공제 혜택이 침범당할 수 있다.
㉡ 확정급여형에서는 퇴직연금 금액 산정 시 퇴직 직전 3개월 동안의 월급여가 기준이 되므로 해당

시기에 감봉 처분을 받으면 퇴직연금 금액이 크게 낮아질 수 있다. 따라서 퇴직 직전에 감봉 처분을 받지 않도록 조심할 필요가 있다.
㉣ 확정기여형에서는 사용자가 납입한 부담금과 운용손익을 최종 퇴직연금 금액으로 지급받는데, 원금이 보장되지 않는 상품에도 운용할 수 있으므로 손실이 날 가능성도 있다. 즉, 그동안 사용자가 납입한 부담금 합계보다 적은 금액을 받을 수도 있다.

| 오답풀이 |
㉢ 확정급여형 퇴직연금제도에서 근로자는 운용 결과와 관계없이 사전에 정해진 수준의 퇴직급여를 수령하며, 사용자의 운용수익률이 높아지면 사용자가 부담하는 금액이 그만큼 줄어든다.

38 문제해결   정답 | ②

해설 ㉠ 입시지원율, 재학률, 취업률 전체 평균의 120%, 80% 수준은 다음과 같다.

(단위: %)

구분	입시지원율	재학률	취업률
전체 평균	472	66	70
120%	566.4	79.2	84
80%	377.6	52.8	56

이를 바탕으로 각 학과의 평가지표별 점수와 최종 평가점수를 구해 보면 다음과 같다.

학과명	입시지원율	재학률	취업률	학생 만족도	최종 평가점수
정치외교학과	75	75	75	50	$75\times0.4+75\times0.2+75$ $\times0.3+50\times0.1=72.5$(점)
경제학과	75	100	75	75	$75\times0.4+100\times0.2+75$ $\times0.3+75\times0.1=80$(점)
사회학과	50	50	50	75	$50\times0.4+50\times0.2+50$ $\times0.3+75\times0.1=52.5$(점)
행정학과	75	50	100	50	$75\times0.4+50\times0.2+100$ $\times0.3+50\times0.1=75$(점)
사회복지학과	100	100	100	100	$100\times0.4+100\times0.2+100$ $\times0.3+100\times0.1=100$(점)

따라서 각 학과가 지급받는 인센티브는 다음과 같다.

(단위: 만 원)

학과명	일반 인센티브	특별 인센티브	합계
정치외교학과	100		100
경제학과	250		250
사회학과	100		100
행정학과	200	350	550
사회복지학과	300	750	1,050

그러므로 인센티브 수령액은 사회복지학과＞행정학과＞경제학과 순으로 많다.

ⓒ 사회복지학과의 최종 평가점수가 100점으로 가장 높으며, 인센티브 수령액은 1,050만 원이다.

ⓔ 정치외교학과의 최종 평가점수는 72.5점으로 사회학과의 52.5점보다는 높지만, 인센티브 수령액은 100만 원으로 동일하다.

| 오답풀이 |

ⓛ 정치외교학과만 학생만족도 평가점수가 50점이고, 경제학과와 사회학과는 75점이다.

ⓜ 정치외교학과와 행정학과의 최종 평가점수는 각각 72.5점. 75점으로 정치외교학과가 더 낮다.

| 풀이 TIP |

ⓛ이 비교적 쉽게 확인 가능하므로 먼저 살펴보면 옳지 않다는 것을 알 수 있다. 따라서 정답은 ② 또는 ③이다. 그러므로 ⓔ 또는 ⓜ만 추가로 확인하면 빠르게 문제를 해결할 수 있다.

39 문제처리 정답 | ①

해설 B는 임대주택이므로 제외되고, E는 2023년에 착공 예정이므로 제외된다. A, C, D의 점수는 다음과 같다.

(단위: 점)

구분	A	C	D
사용기간	40	30	24
단위열 사용량	30	35	30
배관재질	4	10	4
공사범위	10	4	10
공시가격	0	5	0
총합	84	84	68

따라서 A와 C가 동점이고, 준공경과 연수가 A가

더 많으므로 A가 선정된다.

| 풀이 TIP |

지원대상이 아닌 공동주택을 먼저 제외하고, 남은 주택에 대해서만 계산을 하면 문제를 빠르게 풀 수 있다.

40 문제처리 정답 | ③

해설 실적 연료비를 산정하면 다음과 같다.
① 유연탄, LNG, BC유의 3개월 동안의 무역통계 가격 평균
  • 유연탄: $(168+175+200)\div3=181$(원/kg)
  • LNG: $(704+821+971)\div3=832$(원/kg)
  • BC유: $(608+692+683)\div3=661$(원/kg)
② ①에서 산정한 각 값에 환산계수를 곱한 후 합산하여 산정한 평균연료가격
  $(181\times0.85)+(832\times0.37)+(661\times0.01)=$
  $153.85+307.84+6.61=468.3$(원/kg)

연료비 조정단가를 산정하면 다음과 같다.
① 실적 연료비에서 기준 연료비를 차감한 변동 연료비 값에 변환계수를 곱하여 산정한 조정단가
  $(468.3-492)\times0.16=-3.792$(원/kWh)
② 조정단가가 ±5원/kWh 이내이다.
③ 직전 조정주기 대비 조정폭이 3원/kWh 차이까지 적용하므로 조정단가는 $1.86-3=-1.14$(원/kWh)이다.

| 풀이 TIP |

직전 조정주기 단가가 1.86원/kWh이고, 직전 조정주기 대비 조정폭은 3원/kWh 차이까지 적용하므로 선택지 중 가능한 값은 ③, ④, ⑤ 중 하나이다. 실적 연료비를 계산하면 468.3원으로 기준 연료비보다 작은 값이다. 따라서 조정단가 (실적 연료비－기준 연료비)×변환계수가 음수가 나오고, 1.86원/kWh와 음수의 차이는 1원/kWh를 초과하므로 조정단가는 음수인 값이 나올 것이다. 결국 연료비 조정단가를 계산하지 않아도 답은 ③이 됨을 알 수 있다.

41 정보처리능력 정답 | ④

해설 그리스－로마 신화에 나오는 여신 헤라(Hera)의 이름을 딴 D는 임시지정번호 명명법이 제정되기 전에 발견되었을 것이다. 따라서 가장 먼저 발견된 소행성은 D이다.

두 번째로 발견된 소행성은 1985년에 발견된 B이며, 세 번째로 발견된 소행성은 1987년 5월 전반기

에 발견된 C이다.

남은 A와 E는 둘 다 1987년 11월 후반기에 발견되었는데, A는 23번째로, E는 26번째로 발견되었으므로 A가 네 번째, E가 다섯 번째이다.

따라서 먼저 발견된 순서대로 소행성을 나열하면 D−B−C−A−E이다.

42 정보처리능력 정답 | ③

해설 2022년 5월 15일, 즉 2022년 5월 전반기에 발견되었으므로 임시지정번호는 '2022 J'로 시작한다. 그리고 해당 소행성이 발견되기 직전까지 2022년 5월에만 488개의 다른 소행성이 발견되었으므로, 해당 소행성은 5월 전반기에 489번째로 발견된 소행성이다.

25의 배수 중 489의 바로 앞에 있는 숫자는 475이며, 475=25×19이다. 또한 489는 475에서 489−475=14(번째) 뒤에 있는 숫자이므로 '2022 J' 뒤에는 14에 대응하는 O와 19를 붙인 'O19'가 와야 한다. 따라서 해당 소행성의 임시지정번호는 '2022 JO19'이다.

43 물적자원관리 정답 | ②

해설 [표1]에 따르면 고장 나거나 부족한 사무실 의자의 개수는 총 3+2+1+4+1+2+1=14(개)이다. 이에 따라 [표2]를 바탕으로 계산한 각 의자 종류별 의자 구매 비용은 다음과 같다.

구분	가격	프로모션 정보	구매 비용
가 의자	120,000원/1개	4개 구매 시 동일 상품 1개 추가 증정	120,000×12 =1,440,000(원)
나 의자	105,000원/1개	120만 원 이상 구매 시 전 품목 5% 할인	(105,000×14)×(1−0.05) =1,396,500(원)
다 의자	140,000원/1개	10개 이상 구매 시 전 품목 20% 할인	(140,000×14)×(1−0.2) =1,568,000(원)
라 의자	118,000원/1개	구매 비용 50만 원당 8만 원 할인	(118,000×14)−(80,000×3) =1,412,000(원)

따라서 사무실 의자의 구매 비용의 최소 금액은 1,396,500원이다.

44 예산자원관리 정답 | ②

해설 C는 이공계열이면서 연구비가 10억 원 미만,

D와 G는 외래교수, H는 의과계열 교수, I는 타 기관에서 연구비 지원을 받으므로 지원대상에서 제외된다. 선착순으로 지원하므로 지원순서가 빠른 교수부터 지원액을 계산한다.

지원순서가 가장 빠른 F는 인문계열이면서 연구비가 8억 6천만 원이므로 지원액은 8.6×0.08=0.688(억 원)이다. 상한액이 0.6억 원이므로 0.6억 원을 지원한다.

지원순서가 2등인 K는 사회계열이면서 연구비가 4억 8천만 원이므로 지원액은 4.8×0.08=0.384(억 원)이다. 상한액이 0.4억 원이므로 0.384억 원을 지원한다.

지원순서가 6등인 M은 이과계열이면서 연구비가 30억 6천만 원이므로 지원액은 30.6×0.04=1.224(억 원)이다. 상한액이 1.5억 원이므로 1.224억 원을 지원한다.

지원순서가 9등인 N은 이과계열이면서 연구비가 45억 원이므로 지원액은 45×0.04=1.8(억 원)이다. 상한액이 2억 원이므로 1.8억 원을 지원한다.

지원순서가 10등인 B는 인문계열이면서 연구비가 16억 원이므로 지원액은 16×0.08=1.28(억 원)이다. 상한액이 1억 원이므로 1억 원을 지원한다.

지원순서가 11등인 A는 이과계열이면서 연구비가 38억 원이므로 지원액은 38×0.04=1.52(억 원)이다. 상한액이 1.5억 원이므로 1.5억 원을 지원한다.

지원순서가 12등인 E는 인문계열이면서 연구비가 2억 8천만 원이므로 지원액은 2.8×0.08=0.224(억 원)이다. 상한액이 0.2억 원이므로 0.2억 원을 지원한다.

지원순서가 13등인 J는 공학계열이면서 연구비가 12억 6천만 원이므로 지원액은 12.6×0.04=0.504(억 원)이다. 상한액이 0.5억 원이므로 0.5억 원을 지원한다.

지원순서가 14등인 L은 사회계열이면서 연구비가 12억 원이므로 지원액은 12×0.08=0.96(억 원)이다. 상한액이 1억 원이므로 0.96억 원을 지원한다.

따라서 총지원액을 합하면 0.6+0.384+1.224+1.8 +1+1.5+0.2+0.5+0.96=8.168(억 원)이다. 이는 상한액 10억 원을 초과하지 않으므로 총 8.168억 원을 지원한다.

| 풀이 TIP |

지원자격에 부합하지 않는 지원자를 먼저 제외하고, 나머지 지원자들에 대한 지원금액만 계산한다.

45 자료이해

정답 | ②

해설 2019년 국가문화재 지정 건수 중 천연기념물 지정 건수가 차지하는 비중은

$$\frac{461}{342+2,188+513+113+461+146+300} \times 100$$

$$=\frac{461}{4,063} \times 100 ≒ 11.3(\%)$$이다.

| 오답풀이 |

① 2020년 보물 지정 건수는 전년 대비 $\frac{2,235-2,188}{2,188}$ $\times 100 ≒ 2.1(\%)$ 증가했다.

③ 2020년 사적 지정 건수는 국보 지정 건수의 $\frac{519}{348}$ ≒1.5(배)이다.

④ 2019년과 2020년의 국가문화재 지정 건수가 많은 항목 순서는 보물, 사적, 천연기념물, 국보, 국가민속문화재, 국가무형문화재, 명승으로 서로 같다.

⑤ 2020년 국가문화재 지정 건수는 국보가 6건, 보물이 47건, 사적이 6건, 명승이 2건, 천연기념물이 2건, 국가무형문화재가 3건, 국가민속문화재가 3건 증가했다.

46 자료이해

정답 | ⑤

해설 ㉡ 강원/제주권의 농촌관광 횟수는 총 1.88+1.78+1.98+1.97+2.91+0.48=11(회)이다.

㉢ 모든 항목에서 충청권은 농촌관광 횟수가 가장 많은 지역이 아니다.

㉣ 농촌관광 횟수가 세 번째로 많은 항목은 수도권이 농촌숙박, 충청권이 농촌 지역 맛집 방문, 호남권이 농촌 체험 활동, 영남권이 농촌 지역 캠핑, 강원/제주권이 농촌 둘레길 걷기로 모든 지역이 서로 다르다.

| 오답풀이 |

㉠ 농촌 지역 캠핑은 호남권이 영남권보다 적다.

47 자료변환

정답 | ③

해설 2022년 2월 화물 통계 상위 3개 공항은 화물량이 246,601톤인 인천, 16,840톤인 제주, 12,455톤인 김포이다.

48 자료이해

정답 | ⑤

해설 2020년 260cc 이상 관용 이륜차 신고 대수는

2017년 대비 $\frac{728-631}{631} \times 100 ≒ 15.4(\%)$ 증가했다.

| 오답풀이 |

① 2020년 50cc 이상 100cc 미만 관용 이륜차 신고 대수는 전년 대비 증가했지만, 50cc 이상 100cc 미만 자가용 이륜차 신고 대수는 전년 대비 감소했다.

② 260cc 이상 관용 이륜차 신고 대수 대비 100cc 이상 260cc 미만 관용 이륜차 신고 대수의 배수는 2017년에 $\frac{19,258}{631} ≒ 30.5(배)$, 2018년에 $\frac{19,322}{647} ≒ 29.9(배)$, 2019년에 $\frac{19,263}{698} ≒ 27.6(배)$, 2020년에 $\frac{18,799}{728}$ ≒25.8(배), 2021년에 $\frac{18,518}{744} ≒ 24.9(배)$이다.

③ 2021년 50cc 미만 자가용 신고 대수는 전년 대비 138,339-128,947=9,392(대) 감소했다.

④ 50cc 이상 100cc 미만 관용 이륜차 신고 대수의 5개년 평균은 $\frac{5,408+5,349+5,309+5,342+4,175}{5}=$ $\frac{25,583}{5}=5,116.6(대)$이다.

| 풀이 Tip |

②의 경우 연도별 260cc 이상 관용 이륜차 신고 대수에 30을 곱한 수치와 100cc 이상 260cc 미만 관용 이륜차 신고 대수를 비교하면 매년 30배 이상이 아닌 것을 쉽게 알 수 있다.

49 공문서 이해

정답 | ⑤

해설 '5. 응급 진료'에 따르면 재택진료 중 호흡곤란, 의식저하 등 응급상황으로 판단되는 경우 응급 진료를 받을 수 있으며, 응급 시 의료기관 이동은 관할 보건소의 지시에 따라 배치된 구급차를 이용하게 되므로 옳지 않다.

| 오답풀이 |

① '3. 해열제 구매'에 따르면 소아와 부모를 포함한 모든 가족이 재택치료 대상인 경우에는 지인 등의 도움을 받아야 하며, 이것이 불가능할 경우 지자체에 도움을 요청할 수 있으므로 옳다.

② '6. 격리 해제'에 따르면 소아 재택치료자의 격리 기간은 7일이며, 격리 해제 이후 바로 어린이집 등원이 가능하므로 옳다.

③ '1. 의료기관 선택'에 따르면 호흡기 진료 지정 의료기관에서 코로나 검사 시행 후 확진된 환자는 검사한 의료기관에서 전화상담·처방을 원칙으로 하나, 환자가 원하는 경우 다른 의료기관 전화상담·처방 선택 또한 가능하므

로 옳다.

④ '2. 전화상담 및 처방'에 따르면 전화상담을 받을 수 있는 병원 및 의원 정보는 포털 검색창에 코로나19 전화상담 병·의원으로 검색하여 확인할 수 있으므로 옳다.

50 빈칸 넣기

정답 | ②

해설 우리가 계승해야 할 전통의 의미를 규정하고 있는 글이다. 특히 인습, 유물과의 비교·대조를 통해 우리가 계승해야 할 전통의 본질을 이야기하고 있다. 빈칸 앞의 문장을 보면 과거로부터 이어 온 것이라는 공통점이 있는 전통과 인습을 현재성, 창조성을 기준으로 구분하고 있으며, 빈칸의 뒷부분에서는 전통을 현재에 있어서의 문화 창조와 관계없는 단순한 유물과 구분 짓고 있다. 따라서 빈칸에는 전통의 현재성, 창조성에 대한 내용이 들어가야 한다.

MEMO

월간NCS 실전모의고사

감독
확인란

성명

수 험 번 호

출생(생년을 제외한) 월일

수험생 유의사항

(1) 아래와 같은 방식으로 답안지를 바르게 작성한다.

[보기] ① ② ● ④ ⑤

(2) 성명란은 왼쪽부터 빠짐없이 순서대로 작성한다.

(3) 수험번호는 각자 자신에게 부여 받은 번호를 표기하여 작성한다.

(4) 출생 월일은 출생연도를 제외하고 작성한다.

(예) 2002년 4월 1일은 0401로 표기한다.

eduwill

취업에 강한 에듀윌 시사상식
89개월 베스트셀러 1위[*]

2020·2021
2년 연속 우수콘텐츠잡지 선정!

**우수콘텐츠잡지
2021**

• 월별 Cover Story
• 정치·경제·사회 등 분야별 최신상식
• 취업트렌드 & 꿀팁을 알려주는 생생 취업정보
• 최신 논술 분석! ISSUE & 논술·찬반
• 매달 업데이트! 최신 시사상식 무료특강

하루아침에 완성되지 않는 취업상식,
#정기구독 으로 완성하세요!

정기구독 신청 시 정가 대비 10% 할인+배송비 무료	정기구독 신청 시 선물 증정	6개월/12개월/무기한 기간 설정 가능

※ 구독 중 정가가 올라도 추가 부담없이 이용할 수 있습니다.
※ '매월 자동 결제'는 매달 20일 카카오페이로 자동 결제되며, 구독 기간을 원하는 만큼 선택할 수 있습니다.
※ 자세한 내용은 정기구독 페이지를 참조하세요.

* 알라딘 수험서/자격증 취업/상식/적성 월간 이슈&상식 베스트셀러1위 (2012년 5월~7월, 9월~11월, 2013년 1월, 4월~5월, 11월, 2014년 1월, 3월~11월, 2015년 1월, 3월~4월, 10월, 12월, 2016년 2월, 7월~12월, 2017년 8월~2022년 4월 월간 베스트)

정기구독
신청·혜택 바로가기

베스트셀러 1위! 1,824회 달성*
에듀윌 취업 교재 시리즈

공기업 NCS | 쏟아지는 100% 새 문항*

월간NCS
NCS BASIC 기본서 | NCS 모듈형 기본서
NCS 모듈학습 2021 Ver. 핵심요약집

1위 22. 3월 2주

NCS 통합 기본서/봉투모의고사
피둘형 | 행과연형 | 휴노형 봉투모의고사
PSAT형 NCS 수문끝
매일 1회씩 꺼내 푸는 NCS

1위 22. 4월

한국철도공사 | 부산교통공사
서울교통공사 | 5대 철도공사·공단
국민건강보험공단 | 한국전력공사
8대 에너지공기업

1위 22. 2월 4주

한수원+5대 발전회사
한국수자원공사 | 한국수력원자력
한국토지주택공사 | IBK 기업은행
인천국제공항공사

1위 22. 1월 4주

NCS를 위한 PSAT 기출완성 시리즈
NCS, 59초의 기술 시리즈
NCS 6대 출제사 | 10개 영역 찐기출
공기업 전기직 기출로 끝장

대기업 인적성 | 온라인 시험도 완벽 대비!

1위 22. 4월

대기업 인적성 통합 기본서

1위 20. 11월

GSAT 삼성직무적성검사

1위 22. 5월

LG그룹 온라인 인적성검사

1위 22. 5월

SKCT SK그룹 종합역량검사
롯데그룹 L-TAB

1위 21. 3월

농협은행
지역농협

취업상식 1위!

1위 20. 2월

월간 시사상식

1위 20. 1월

多통하는 일반상식
일반상식 핵심기출 300제

1위 21. 1월

공기업기출 일반상식
언론사기출 최신 일반상식
기출 금융경제 상식

자소서부터 면접까지!

NCS 자소서&면접
실제 면접관이 말하는 NCS 자소서와
면접_인문·상경계/이공계

1위 22. 1월 3주

끝까지 살아남는 대기업 자소서

* 온라인4대 서점(YES24, 교보문고, 알라딘, 인터파크) 일간/주간/월간 13개 베스트셀러 합산 기준 (2016.01.01~2021.11.03, 공기업 NCS/
  직무적성/일반상식/시사상식 교재)
* 에듀윌 취업 공기업 NCS 통합 봉투모의고사, 코레일 봉투모의고사, 서울교통공사 봉투모의고사 교재 해당 (2021~2022년 출간 교재 기준)
* YES24 국내도서 해당 분야 월별, 주별 베스트 기준

더 많은
에듀윌 취업 교재

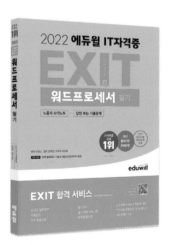

취업, 공무원, 자격증 시험준비의 흐름을 바꾼 화제작!
에듀윌 히트교재 시리즈

에듀윌 교육출판연구소가 만든 히트교재 시리즈!
YES24, 교보문고, 알라딘, 인터파크, 영풍문고 등 전국 유명 온/오프라인 서점에서 절찬 판매 중!

공인중개사 기초서/기본서/핵심요약집/문제집/기출문제집/실전모의고사 외 12종

주택관리사 기초서/기본서/핵심요약집/문제집/기출문제집/실전모의고사

7·9급공무원 기본서/단원별 기출&예상 문제집/기출문제집/기출팩/실전, 봉투모의고사

공무원 국어 한자·문법·독해/영어 단어·문법·독해/한국사 흐름노트/행정학 요약노트/행정법 판례집/헌법 판례집

7급공무원 PSAT 기본서/기출문제집

계리직공무원 기본서/문제집/기출문제집

군무원 기출문제집/봉투모의고사

경찰공무원 기본서/기출문제집/모의고사/판례집/면접

소방공무원 기출문제/실전, 봉투모의고사

맞춤형 화장품 조제관리사

검정고시 고졸/중졸 기본서/기출문제집/실전모의고사/총정리

사회복지사(1급) 기본서/기출문제집/핵심요약집

직업상담사(2급) 기본서/기출문제집

경비 기본서/기출/1차 한권끝장/2차 모의고사

전기기사 필기/실기/기출문제집

전기기능사 필기/실기

능력검정시험 기본서/2주끝장/기출/우선순위50/초등

조리기능사 필기/실기

제과제빵기능사 필기/실기

SMAT 모듈A/B/C

ERP정보관리사 회계/인사/물류/생산(1, 2급)

전산세무회계 기초서/기본서/기출문제집

무역영어 1급 | 국제무역사 1급

KBS한국어능력시험 | ToKL

한국실용글쓰기

매경TEST 기본서/문제집/2주끝장

TESAT 기본서/문제집/기출문제집

운전면허 1종·2종

초지도사 필기/실기구술 한권끝장

산업안전기사 | 산업안전산업기사

위험물산업기사 | 위험물기능사

토익 입문서 | 실전서 | 어휘서

컴퓨터활용능력 | 워드프로세서

정보처리기사

월간시사상식 | 일반상식

월간NCS | 매1N

NCS 통합 | 모듈형 | 피듈형

PSAT형 NCS 수문끝

PSAT 기출완성 | 6대 출제사 | 10개 영역 찐기출

한국철도공사 | 서울교통공사 | 부산교통공사

국민건강보험공단 | 한국전력공사

한수원 | 수자원 | 토지주택공사

행과연 | 휴노형 | 기업은행 | 인국공

대기업 인적성 통합 | GSAT

LG | SKCT | CJ | L-TAB

ROTC·학사장교 | 부사관

*S24 수험서 자격증 주택관리사 베스트셀러 1위 (2010년 12월, 2011년 3월, 9월, 12월, 2012년 1월, 3월~12월, 2013년 1월~5월, 8월~11월, 2014년 2월~8월, 10월~12월, 2015년 1월~5월, 7월~12월, 2016년
~12월, 2017년 1월~12월, 2018년 1월~12월, 2019년 1월~12월, 2020년 1월~7월, 9월~12월, 2021년 1월~12월, 2022년 1월~5월 월별 베스트, 매월 1위 교재는 다름)
*S24 국내도서 해당분야 월별, 주별 베스트 기준

꿈을 현실로 만드는
에듀윌

DREAM

공무원 교육
- 선호도 1위, 인지도 1위!
  브랜드만족도 1위!
- 합격자 수 1,800% 폭등시킨
  독한 커리큘럼

자격증 교육
- 6년간 아무도 깨지 못한 기록
  합격자 수 1위
- 가장 많은 합격자를 배출한
  최고의 합격 시스템

직영학원
- 직영학원 수 1위, 수강생 규모 1위!
- 표준화된 커리큘럼과 호텔급 시설
  자랑하는 전국 50개 학원

종합출판
- 4대 온라인서점 베스트셀러 1위!
- 출제위원급 전문 교수진이
  직접 집필한 합격 교재

어학 교육
- 토익 베스트셀러 1위
- 토익 동영상 강의 무료 제공
- 업계 최초 '토익 공식' 추천 AI 앱 서비스

학점은행제
- 97.6%의 과목이수율
- 14년 연속 교육부 평가 인정 기관 선정

콘텐츠 제휴 · B2B 교육
- 고객 맞춤형 위탁 교육 서비스 제공
- 기업, 기관, 대학 등 각 단체에 최적화된
  고객 맞춤형 교육 및 제휴 서비스

공기업 · 대기업 취업 교육
- 브랜드만족도 1위!
- 공기업 NCS, 대기업 직무적성,
  자소서와 면접까지
  빈틈없는 온·오프라인 취업 지원

부동산 아카데미
- 부동산 실무 교육 1위!
- 전국구 동문회 네트워크를 기반으로 한
  고소득 창업 비법
- 부동산 실전 재테크 성공 비법

국비무료 교육
- 자격증 취득 및 취업 실무 교육
- 4차 산업, 뉴딜 맞춤형 훈련과정